围棋AI定式后续策略

[日]山田真生　著

胡丹蔚　张巍　译

北方联合出版传媒（集团）股份有限公司

辽宁科学技术出版社

© 2025辽宁科学技术出版社。

著作权合同登记号：第06−2024−192号。

图书在版编目（CIP）数据

围棋AI定式后续策略 / (日) 山田真生著；胡丹蔚, 张巍译.

沈阳：辽宁科学技术出版社, 2025. 5. -- ISBN 978-7-5591
-4119-4

Ⅰ. G891.3

中国国家版本馆CIP数据核字第20256PN677号

出版发行：辽宁科学技术出版社
　　　　　（地址：沈阳市和平区十一纬路25号　邮编：110003）
印　刷　者：辽宁新华印务有限公司
经　销　者：各地新华书店
幅面尺寸：170mm×240mm
印　　张：16
字　　数：250千字
印　　数：1~4 000
出版时间：2025年5月第1版
印刷时间：2025年5月第1次印刷
责任编辑：于天文
封面设计：潘国文
责任校对：李　红

书　　号：ISBN 978-7-5591-4119-4
定　　价：58.00元

联系电话：024-23284740
邮购热线：024-23284502
E−mail:mozi4888@126.com
http://www.lnkj.com.cn

前　言

大家好，我是山田真生。

随着AI的出现，围棋的下法发生了巨大的变化，特别显著的是布局和定式。看了报纸上的棋谱和电视转播的围棋比赛，想必大家也能感觉到，现在的围棋内容和几年前完全不同了。本书的目的是要彻底阐明这一革新的基础，即所谓的"AI定式"。

我在"钻石围棋沙龙"的在线教室——"围棋实验室"担任讲师，讲解AI定式。那里每次都会分发资料，有20页，我认为这是日本分发资料最多的围棋教室（笑）。现在"围棋实验室"举办了大约30回，每回的资料都是20页，全部加起来足够写好几本书了。

这次，我将"围棋实验室"介绍的内容按照难易度、AI的评价值等方便理解的形式进行了总结。说到定式，给人的印象是局部的变化，但AI是通过整个盘面来判断的，这种思考方式在平时定式的选择中也是非常重要的。希望本书不仅能帮助读者掌握 AI 定式，还能有助于其提高序盘阶段的能力。

2021年2月

山田真生

目　录

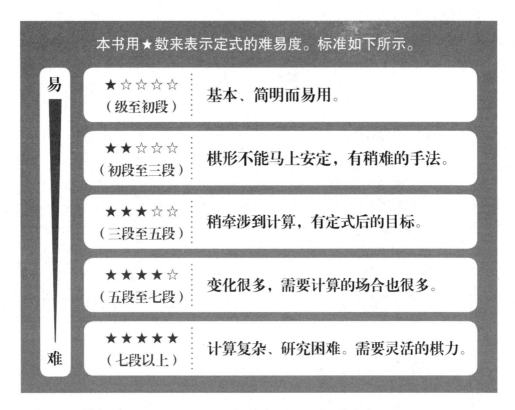

本书用★数来表示定式的难易度。标准如下所示。

易		
	★☆☆☆☆ （级至初段）	基本、简明而易用。
	★★☆☆☆ （初段至三段）	棋形不能马上安定，有稍难的手法。
	★★★☆☆ （三段至五段）	稍牵涉到计算，有定式后的目标。
	★★★★☆ （五段至七段）	变化很多，需要计算的场合也很多。
难	★★★★★ （七段以上）	计算复杂、研究困难。需要灵活的棋力。

此外，棋谱下方左边的图形列出了AI的评价值，图形右边列出了目数差。

如例所示，黑棋胜率为48％，白棋领先0.1目。

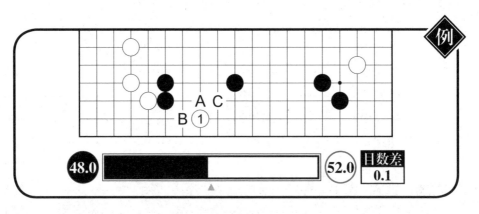

请根据自身的棋力和目标来参考学习。

第一章　尖顶定式

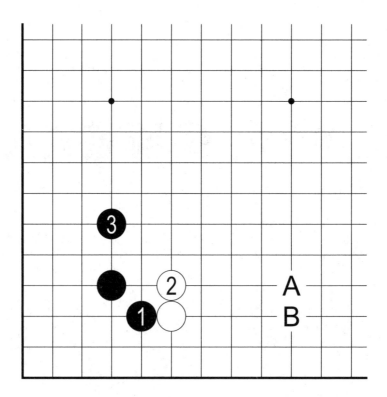

主题图

以前由于会让对手下出立二拆三的好形，所以尖顶被认为是恶手，但是现在的评价发生了很大的变化。白棋在A位或者B位的拆都很普通。

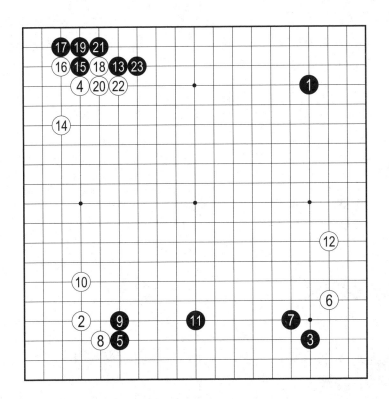

研究图1

　　以往黑7夹比较常见，但是最近用小尖应对的逐渐增多。原因可能是夹的定式逐渐被AI攻克。

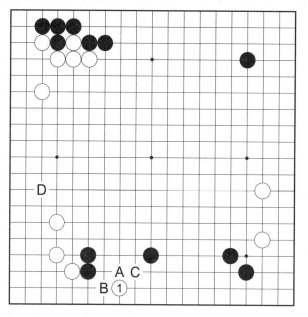

高拆的场合

高拆时，白棋在二路的白1点是有力的破空手段。黑棋有A～D位4种应对手法。

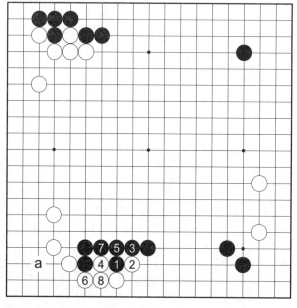

A的情况

图1 两分

难易度 ★☆☆☆☆

若黑1靠压，白2至白8可以渡过。如此白棋也补上了a位三·3的弱点，是注重实地的变化。

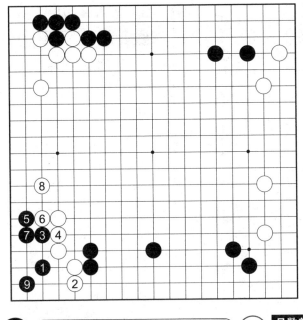

图2　旧定式

难易度 ★☆☆☆☆

如前图所示，左下角白棋的棋形本来有黑1破空的手段，至黑9这几手很大。

但是最近很少见到这种手段了。

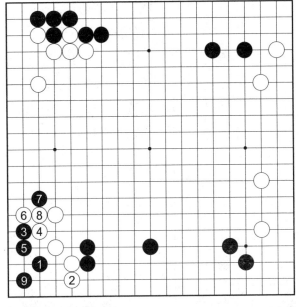

图3　新定式

难易度 ★★☆☆☆

最近本图这样的破空方法很受欢迎。虽然黑棋的阵地比前图稍小，但是留下黑7先手利之后可以总攻白棋。而图1的白棋破去黑空并获取实地后，也消除了图2和本图的攻击手段。

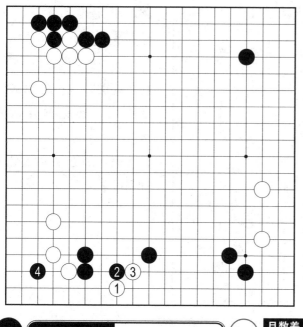

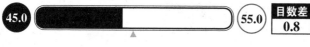

图4 有力的手法

难易度 ★ ★ ★ ☆ ☆

对于白3，黑4点三·3的时机绝妙。试探对方如何应对再伺机而动。

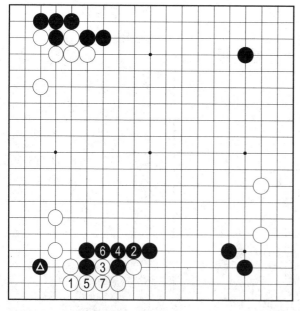

图5 黑棋的目标

难易度 ★ ★ ★ ☆ ☆

白1立下是局部的常见手法。如果黑棋现在让白棋渡过，对于黑△和白1的交换非常有利。

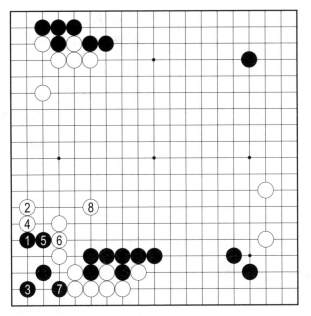

图6　对黑棋有利

难易度 ★★★☆☆

在角部，有黑1之后的简单手段。

和图3相比，角上白棋的实空很大。

图5、图6的渡过，对黑棋有利。

74.0　　26.0　目数差 3.5

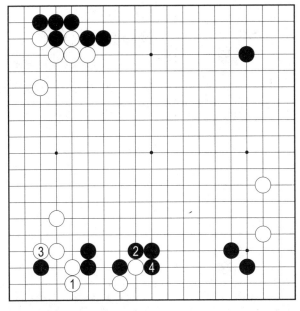

图7　两分

难易度 ★★★☆☆

黑2时，白棋若渡过会被先手利用，所以白3坚实地吃掉角上黑子是好手。黑棋也在黑4打吃制住下边，这是两分的变化。

55.0　　45.0　目数差 0.4

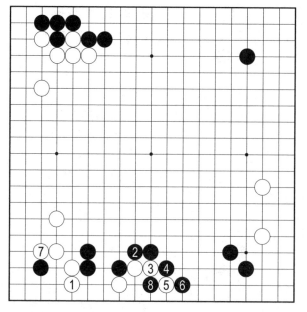

图8　两分

难易度 ★★★★☆

　　白3、5在下边先交换两手后再回到白7挡下是高级技术。黑棋下边的味道太差，所以黑8大致要坚实地吃住。

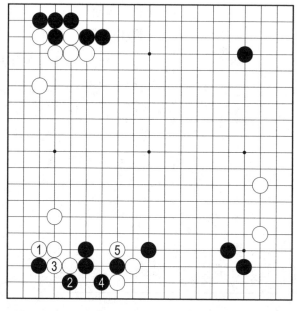

图9　有力变化

难易度 ★★★★☆

　　白1挡下则角上被稍稍利用，打算在下边破空时可以使用。

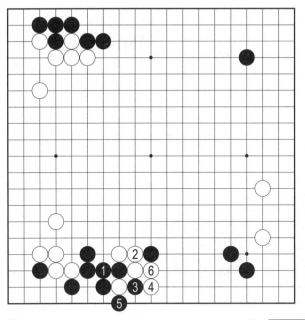

图10 黑棋不好

难易度 ★☆☆☆☆

由于被打吃所以黑1粘上，但此手并不好。白2至白6为止黑棋被裂开，这是对白棋有利的变化。

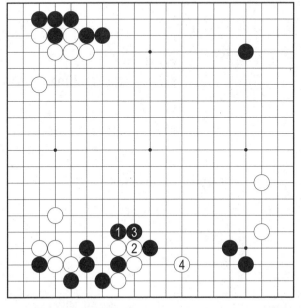

图11 手筋

难易度 ★★★★☆

黑1靠在上边是手筋。白棋由于上边被封住，白4进入空旷的边路。

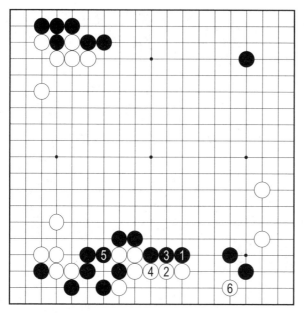

图12 两分

难易度 ★★★★☆

举一例，黑1开始即使从上边封锁白棋，白2至白6也可以做活。白棋可以破掉下边黑棋阵势，而黑棋最初在左下已经有所得利，所以是两分。

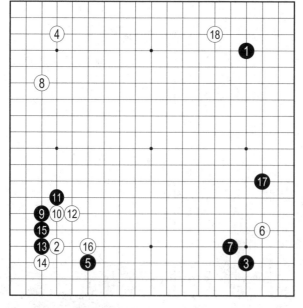

参考棋谱

第58期十段战挑战者决定战

对局日：2020年1月30日

黑棋：井山裕太棋圣

白棋：芝野虎丸名人

第1谱（1～18）

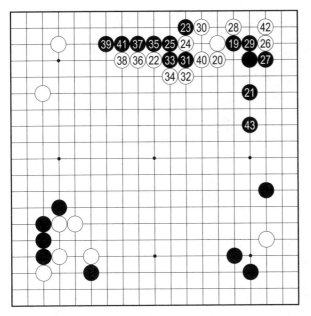

第2谱（19～43）

前面至白22为止都没有下出高效的棋形，但最近黑23很严厉。白24、26是花了不少功夫的下法。黑27虽然忍耐，但上边阵势被破，是两分的变化。

53.8 **46.2** 目数差 0.4

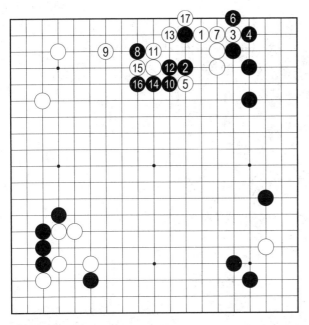

参考图（其他变化）

也有白1至白9的变化，但黑10是关键性的一手。

右边的黑棋模样不知不觉地变大了。

60.2 **39.8** 目数差 1.5

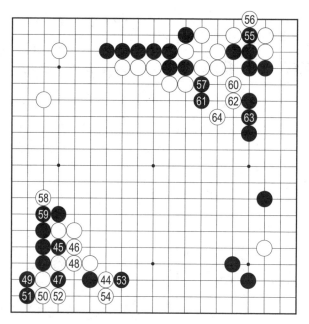

第3谱（44～64）

左下是双挂脱先定式。至白54为止是定式，黑57开始进入激战。

上边的定式有些难解，加之很容易引发战斗，所以必须研究且需要经验。

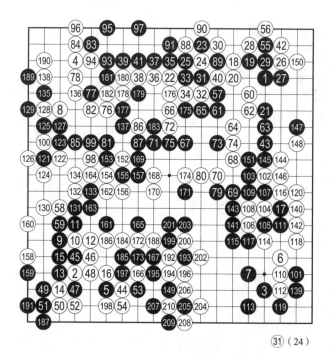

总谱（1～210）

210手完，白中盘胜。

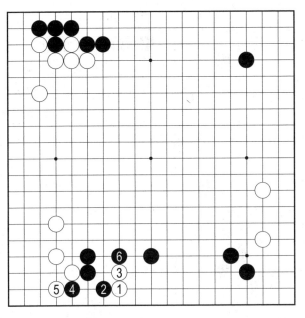

B的情况

图1 严厉

难易度 ★★★★☆

也有黑2阻渡的手法。对于白3，黑4先扳一手交换后黑6封住。

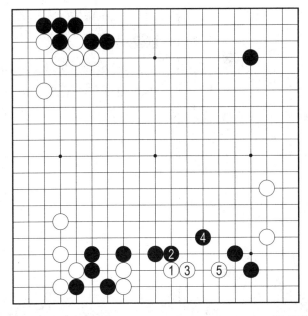

图2 两分

难易度 ★★★★☆

白1开始可以简单做活。

白棋虽然大幅度破去黑棋下边的阵势，但由于左下角的白棋变薄，黑棋也可下。

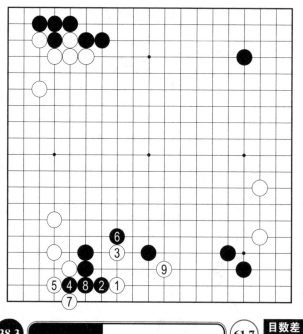

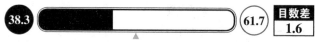

图3 两分

难易度 ★★★★☆

也有白3跳的下法，这也是和图1、图2一样在下边破空的手法。白9是急所。

目数差 1.6

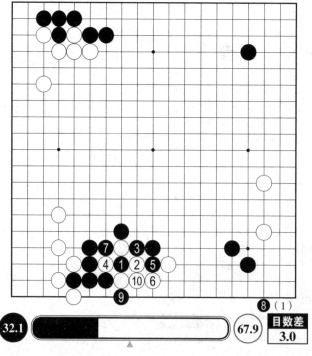

图4 黑棋微妙的定形方法

难易度 ★★★★☆

黑1挖开始可以滚打白棋。白棋乍一看棋形好像很差，但实际上并没有什么问题。

⑧（1）

目数差 3.0

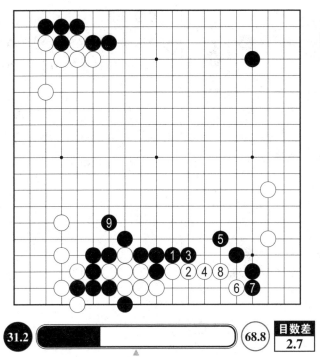

31.2　68.8　**目数差** 2.7

图5　白棋稍稍有利

难易度 ★★★★☆

　　黑棋也要防止被滚包，黑9必须补棋。因此下边的白棋并不会立即陷入危机。

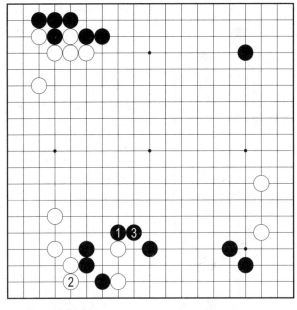

41.9　58.2　**目数差** 0.8

图6　白棋的有力手段

难易度 ★★☆☆☆

　　若黑1直接靠压，白2立下这一手很大。

　　由于白棋角上的味道很好，黑棋还是应该和图1、图3中的黑4一样扳。

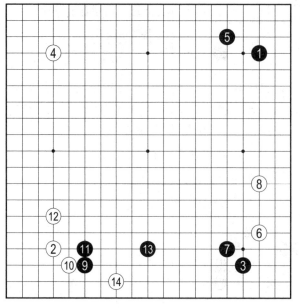

参考棋谱

第45期新人王战1回战

对局日：2020年2月20日

黑棋：星合志保二段

白棋：藤泽里菜四段

第1谱（1～14）

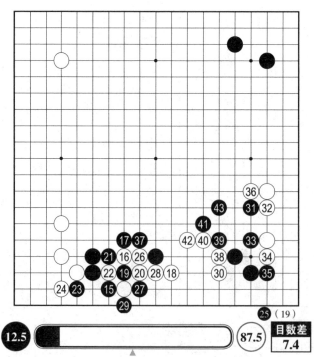

第2谱（15～43）

　　下边从打入开始战斗。

　　黑27开始的行动虽然很有趣，但评价却是白棋厚实。右边十分坚固，下边也活了，所以序盘的作战是白棋成功。

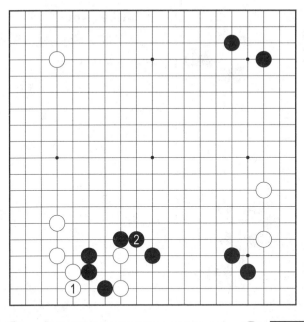

参考图1（视为先手）

实战（第2谱）黑17直接压的情况，按本图白1立下也非常有力。守住角部的同时，下边也留有余味。

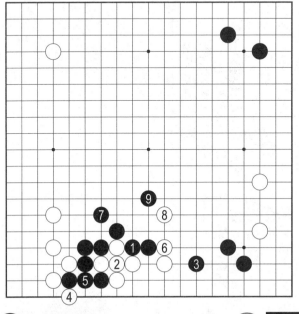

参考图2（不打劫）

实战中进行了劫争，但是从整体上进攻白棋的下法要更好。举个例子，黑1打吃后黑3逼，不给白棋简单做眼的机会。

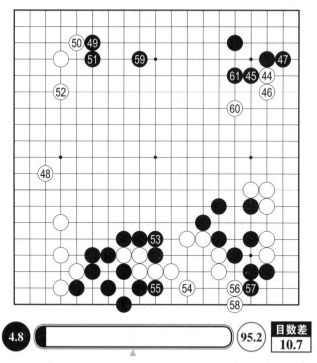

第3谱（44～61）

在下边的交换，白棋的领先程度相当大。

感觉这盘棋的战斗很巧妙。

4.8　　　　　　　　　　　**95.2**　**目数差 10.7**

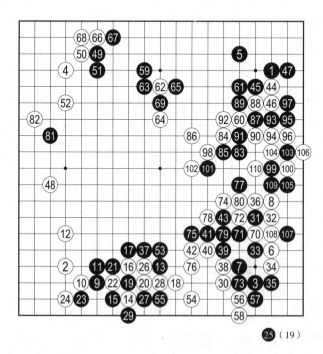

总谱（1～110）

110手完，白中盘胜。

25（19）

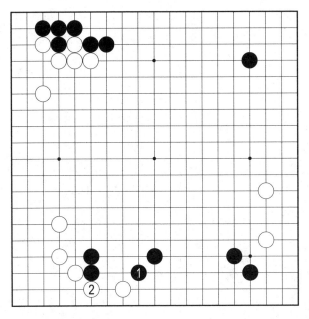

46.0 | 54.0

目数差
0.4

C或D的情况

图1 简明变化

难易度 ★☆☆☆☆

黑1尖，让白棋渡回。没有变化且简单易懂，想获得先手时推荐这种下法。

图2 两分

难易度 ★★★☆☆

对于白棋的点入，也有黑1反击的手法。双方各行其道，至黑5为止是两分的进行。

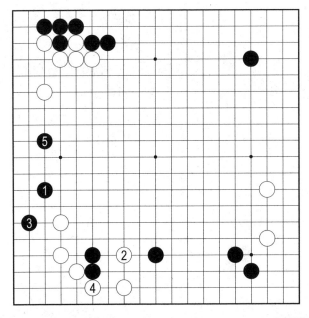

50.2 | 49.8

目数差
0.1

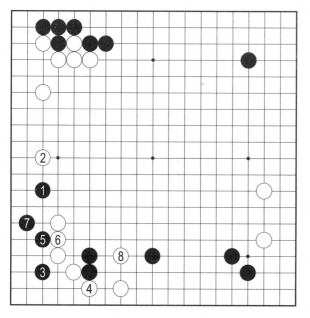

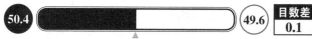

图3 左边安全 两分

难易度 ★★★☆☆

对于黑1，白2夹的下法虽然失去了左下角的实空，但是左边至左上可以安定。

可以根据局面在本图和前图之间选择。

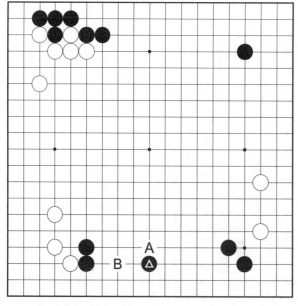

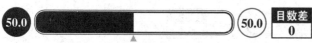

低拆的场合

黑棋在下边拆在星位之下时，白棋有A位和B位先手利的手法。由于棋子纠缠在一起，所以有很多激烈的变化。

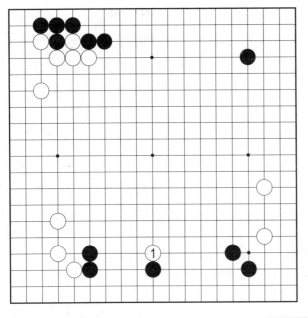

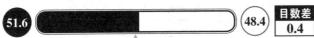

51.6   48.4   **目数差** **0.4**

A的情况

白1直接碰上去是AI流。准备针对黑棋的棋形获利。

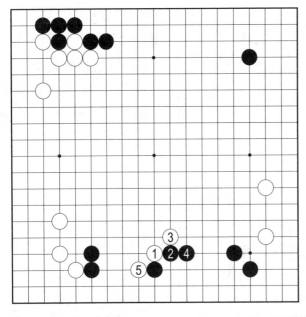

52.2   47.8   **目数差** **0.3**

图1 被碰时要扳

难易度 ★★☆☆☆

对于白1的碰，黑2扳的应法最为严厉。此时白3反扳是手筋，黑4时白5顺势连扳是好手。这几手包含着手筋。

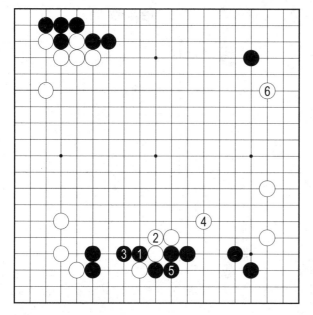

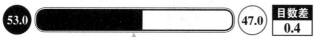

53.0 ████████░░░░░░░ 47.0 目数差 0.4

图2 两分

难易度 ★★☆☆☆

黑棋当然要黑1断打后吃下下边一子。

白棋虽然看上去被吃，但由于黑棋的棋形留有缺陷，白4是先手利。因此，白棋不但没有损失反而得利了。

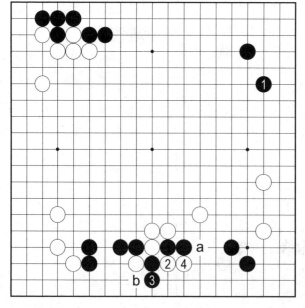

21.1 ███░░░░░░░░░░░░ 78.9 目数差 4.1

图3 不能脱先

难易度 ★☆☆☆☆

黑1虽然很想下在大场，但白2打吃可以在下边出棋，黑棋无理。黑a则白b，黑棋崩溃（反之亦然）。

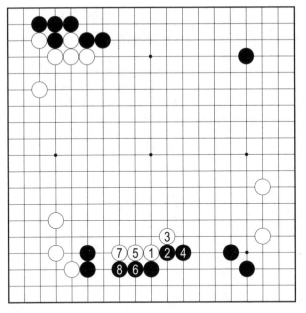

图4　白棋恶筋

难易度 ★☆☆☆☆

白5单爬这一手偏重。

下边的黑棋没有先手利的味道，白棋的棋形不够舒展。和图2相比，这块白棋相对容易被吃。

图5　黑有利

难易度 ★☆☆☆☆

若白5、7，白棋虽然在中央得利，但是落了后手。

黑下一手可以限制白棋的模样。

这也是黑棋没有不满的进行。

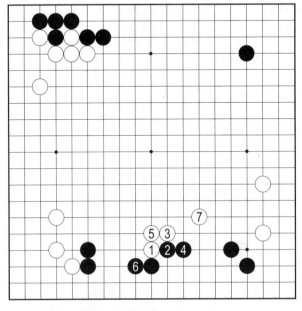

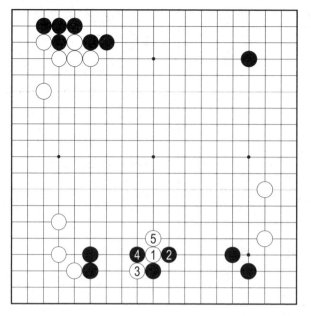

图6 积极方案1

难易度 ★ ★ ★ ☆ ☆

也有白3扳下积极战斗的下法。黑棋当然会在黑4位断打，但是黑棋的棋形也有很多缺陷。

48.7 ⎯⎯⎯⎯⎯⎯⎯ 51.3 目数差 0.1

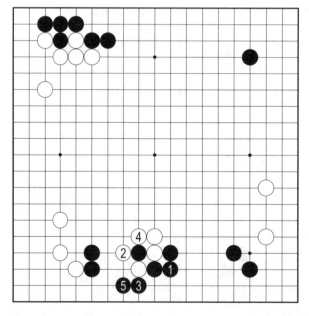

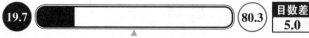

图7 黑苦

难易度 ★ ☆ ☆ ☆ ☆

黑1粘上断点后，虽然这里不会发生什么问题，但是白2、4可以在中央拔花，黑棋只能在二路低位渡过。如此局面黑棋不好。

19.7 ⎯⎯⎯⎯⎯⎯⎯ 80.3 目数差 5.0

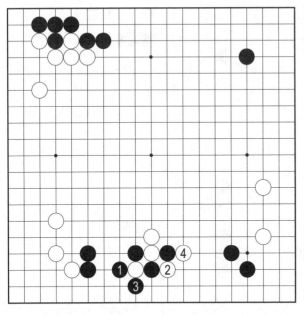

56.1　43.9　目数差 0.7

图8　两分

难易度 ★★★★☆

因此，黑棋要在这一边发动攻击。

白2、4虽然可以征吃一子，但黑3也可以拔花成为厚形。

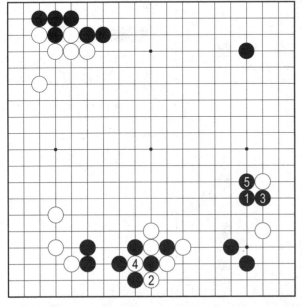

55.8　44.2　目数差 0.7

图9　引征

难易度 ★★★★★

若是本图的配置，黑1是绝好的引征。

征吃或者被征吃时，一定要把引征的情况计算在内。白2之后的下法也是气合的反击。

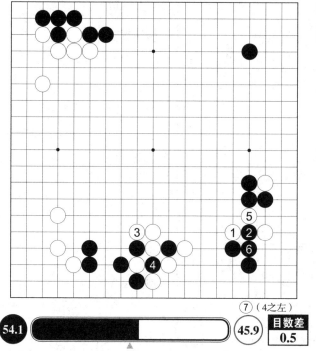

54.1　45.9　**目数差** 0.5

⑦（4之左）

图10　制造劫材

难易度 ★★★★★

　　白1、3是打劫的准备工作。

　　白5是确实的劫材。

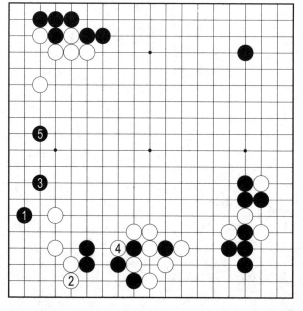

59.0　41.0　**目数差** 0.9

图11　两分

难易度 ★★★★★

　　黑棋没有明显的劫材，而且下边的劫也并不一定要打赢，所以可以考虑黑1轻盈地行棋。

　　至黑5双方两分。

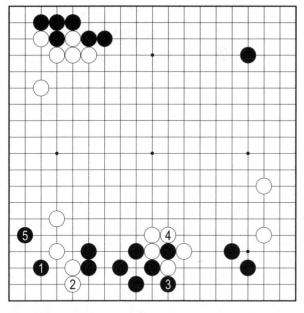

图12　简明变化

难易度 ★★★☆☆

也有黑1点角破角空的下法。

黑3、白4的交换虽然非常慷慨，但是黑5之后可以破掉白空。黑棋是简单易懂的变化，所以并不坏。

61.6　38.4　目数差 1.4

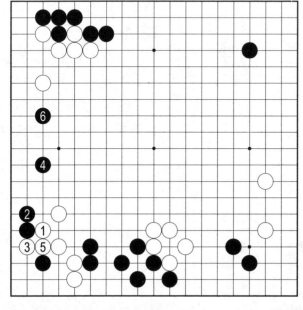

图13　两分

难易度 ★★★☆☆

白1虽然是急所，但黑2长之后，左边的阵势被大幅破坏。

这也是两分的变化。

图9至图11的变化非常多且难解，所以推荐前图和本图下法。

62.8　37.2　目数差 1.4

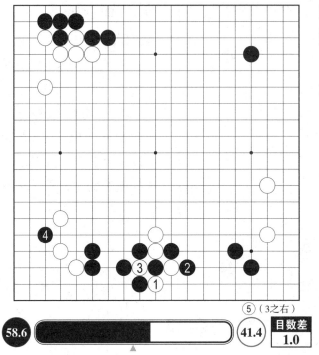

⑤（3之右）

58.6 ▮▮▮▮▮▯▯ 41.4 目数差 1.0

图14 开始打劫

难易度 ★★★★★

　　白1打吃试图让黑棋走重，但黑2反打后成劫。

　　此处黑4是劫材。

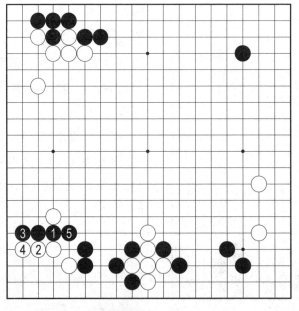

59.6 ▮▮▮▮▮▯▯ 40.4 目数差 1.2

图15 两分

难易度 ★★★★★

　　若白棋消劫，黑棋就冲破白棋。

　　虽然左下角的白棋并没有死，但是黑棋也取得了很大的利益。看上去是双方旗鼓相当的转换。

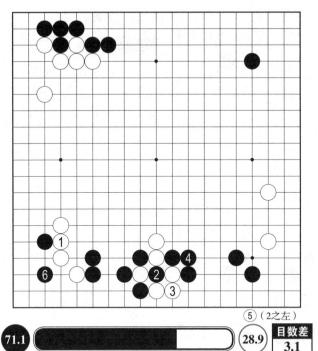

71.1 **28.9** ⑤（2之左）

目数差 **3.1**

图16　继续打劫

难易度 ★★★★★

白1粘上继续争劫的下法也可以考虑。

白3粘一手可作为劫材。此局面黑棋在黑6找劫。

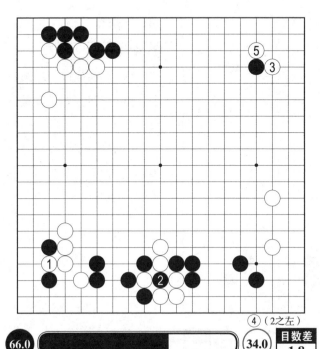

66.0 **34.0** ④（2之左）

目数差 **1.8**

图17　黑棋稍稍有利

难易度 ★★★★★

白1冲后，白棋基本上没有劫材了，所以可以白3、5连下两手。

右上连下两手的白棋虽然也很漂亮，但下边的黑棋也相当厚实，黑棋稍稍有利。

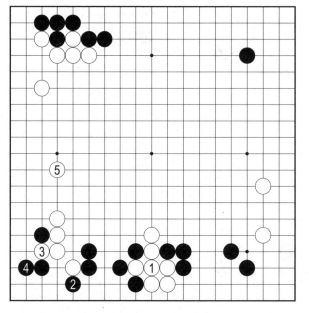

图18 黑棋有利

难易度 ★ ★ ★ ★ ★

白1若消劫则角部被送掉。但是消劫之后的白棋棋形并不好，所以白棋在这里还是劫败更好一些。

84.5 ◼ 15.5 目数差 5.4

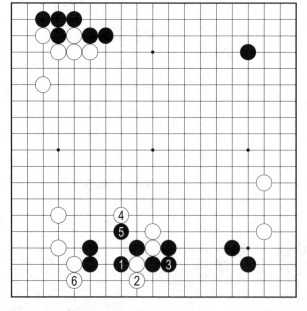

图19 两分

难易度 ★ ★ ☆ ☆ ☆

白棋也有白2先逃一手，然后白4开始整形的手段。

白6一边守住左下角一边瞄着逃出下边二子是很大的一手。

54.8 ◼ 45.2 目数差 0.6

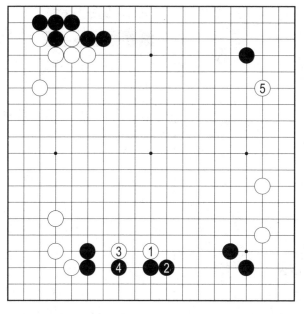

图20 两分

难易度 ★☆☆☆☆

　　黑2若长，白3交换一手后转向其他大场。

　　白棋限制了黑棋在下边的扩张。

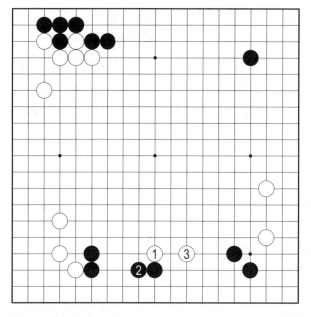

图21 两分

难易度 ★☆☆☆☆

　　黑2向另一边长，白棋也是和前图一样限制黑棋的扩张。

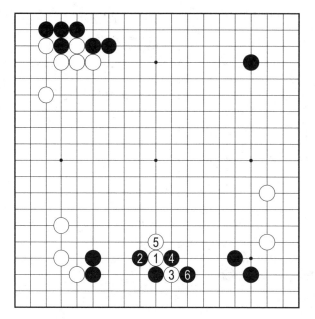

图22　积极方案2

难易度 ★ ★ ★ ☆ ☆

　　黑2在另一边扳也可以考虑。

　　这里也可以成为白3开始的攻防。

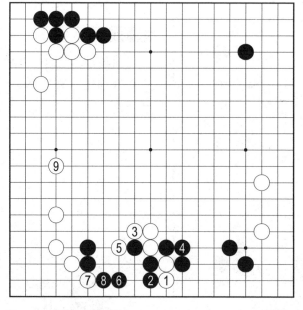

图23　两分

难易度 ★ ★ ★ ☆ ☆

　　白1先逃一手后中腹可以获得简单易懂的先手利。白7扳也是一定程度的先手利，可以消除点三·3的味道，然后白棋在左边构筑阵势。

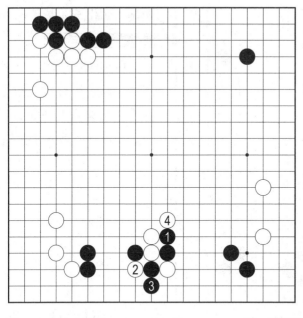

图24　做成实空的手法

难易度 ★★☆☆☆

　　黑1贴起的手法在其他定式中也能够见到。

　　这是一定要在下边做成实空的手法，但是对黑棋的评价并不好。

39.6　　　　　　　　60.4　　目数差 1.4

图25　白棋稍稍有利

难易度 ★★☆☆☆

　　黑1吃住一子时，白2开始是整形的手筋。黑棋虽然将下边变成实地，但给白棋的先手利过多，白棋将中腹下厚，所以结果是白棋稍稍有利。

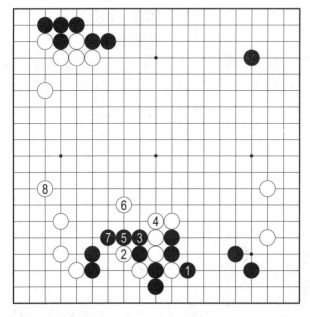

39.3　　　　　　　　60.7　　目数差 1.2

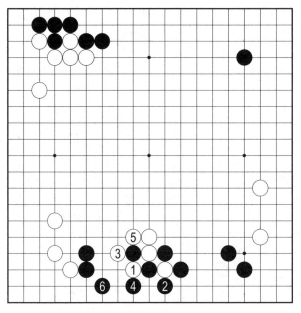

图26　如此黑棋也可下

难易度 ★★☆☆☆

　　白1开始虽然可以征吃一子，但是和图7的不同之处在于黑棋也是拔花，所以这个进行黑棋也可下。

57.0 ▬▬▬▬▬▬▬ 43.0

目数差
0.7

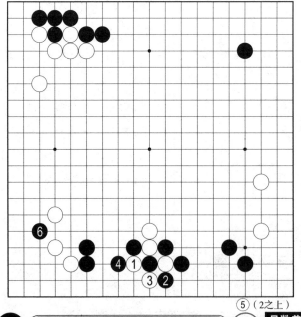

图27　争劫

难易度 ★★★★★

　　如前图这般单纯征吃一子并不能满意，所以白3打算强硬地打吃一手先手取利。但是黑棋当然也可以争劫反击。同样地，黑6也是劫材。

⑤（2之上）

62.1 ▬▬▬▬▬▬▬ 37.9

目数差
1.5

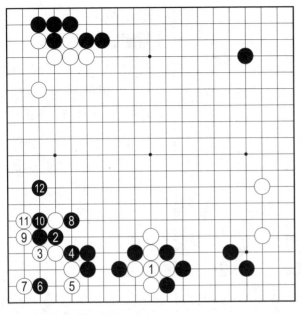

图28 黑棋稍稍有利

难易度 ★★★★★

白1消劫时，以下的进行可以考虑。

黑棋大幅度削减了白棋左边的阵势，没有不满。

63.6 ▨ 36.4 目数差 1.5

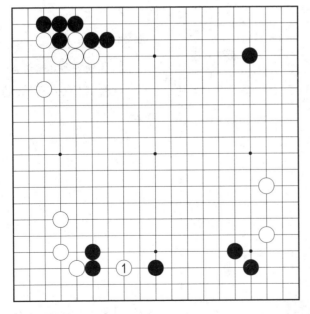

B的情况

也有白1打入后定形的下法。

由于这种下法很积极，所以很可能会形成战斗的格局。

50.2 ▨ 49.8 目数差 0.1

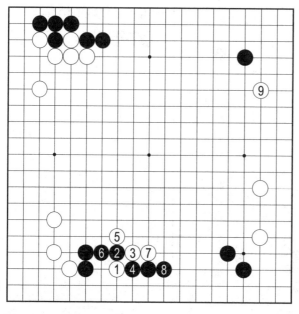

图1 两分

难易度 ★★★☆☆

黑2靠压是最先考虑的手法，但白3、5可以简单定形。此形也可以不下白7，直接脱先白9位挂角，但是根据本局面的配置，也可以考虑白7压。

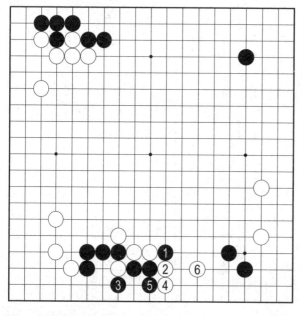

图2 全力地扳

难易度 ★★★★★

黑1扳是最强的手法。

对此，白2断是气合的下法。

白棋看起来虽然下得有些匆忙，但是……

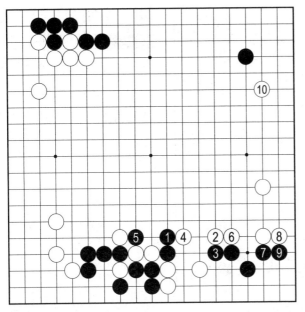

图3 两分

难易度 ★★★★★

对于黑1，白2、4是手筋。

如此恰好能封住右下角的黑棋。

这是两分的进行。

49.8 ▮▮▮▮▮▮ 50.2 目数差 0.0

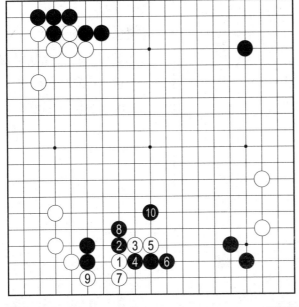

图4 两分

难易度 ★★★★☆

白棋不做打吃交换，白5单压的手法也可以考虑。白7立下后，渡回和向中央突破两者见合。若黑8防守则白棋和角上连络。

51.8 ▮▮▮▮▮▮ 48.2 目数差 0.1

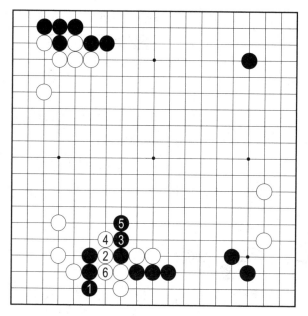

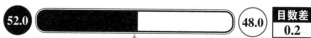

图5 弃子作战

难易度 ★★★★☆

若黑1阻渡，白2开始向中央脱出。黑棋的三子虽然看起来已经被白棋拿下，但这其实并不坏。

52.0 ◀ 48.0 目数差 0.2

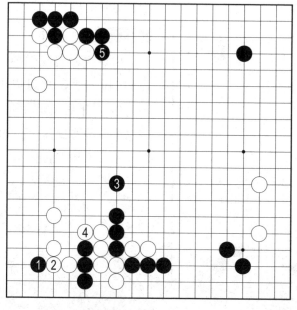

图6 两分

难易度 ★★★★☆

黑1点角，先在角上留下味道后黑3跳出弃子。

由于黑棋下了黑3，白4也就坚实地吃住黑三子。

这是两分的进行。

53.9 ◀ 46.1 目数差 0.3

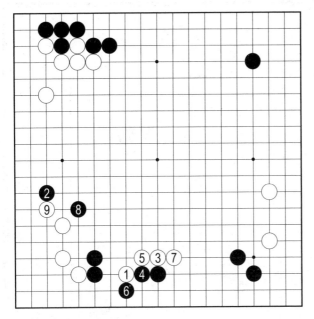

图7　脱先

难易度 ★ ★ ★ ☆ ☆

对于白1，若认为无论怎么应对都会被先手利的场合，也可以考虑黑2的反击。

由于黑棋脱先，白3可以在下边连续行棋。本图是其中一例变化。

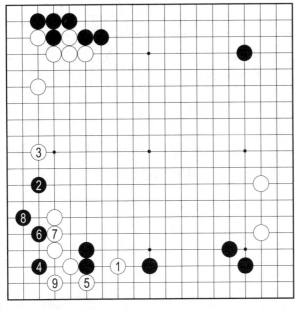

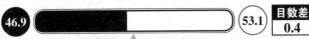

图8　两分

难易度 ★ ★ ★ ☆ ☆

对于黑2，也有白3这种重视边路的下法。

虽然白棋丢掉了角上的实地，但左上得到了强化，下边也可以渡过。

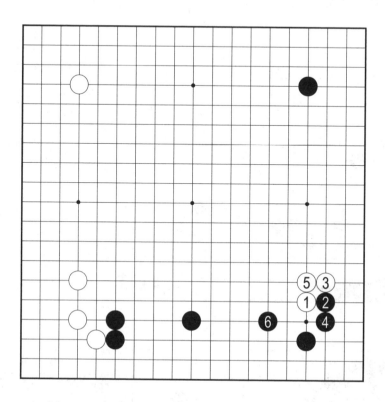

研究图2

　　可以毫不夸张地说，托退定式是下得最多的定式。由于这是AI非常喜欢的下法，所以在现代围棋中，此定式以外的定式用得相当少。

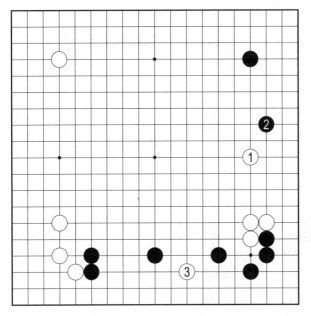

图1　形之急所

难易度 ★★★☆☆

　　白1拆，完成了托退定式。黑2逼这一手很大。前图黑6的棋形，白3打入是针对右下角棋形的急所。

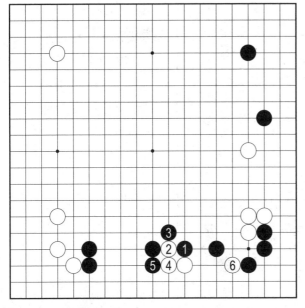

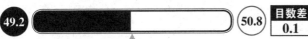

图2　狙击的手法

难易度 ★★★☆☆

　　黑1的压是第一感。

　　白2、4做完准备工作后白6靠。这手白6是狙击的目标。

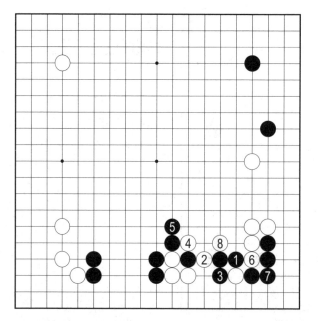

图3 两分

难易度 ★★★☆☆

对于白2，黑3拐吃这一手很厚。双方成为互相吃子的棋形，是两分的变化。

48.8 | 51.2 | 目数差 0.2

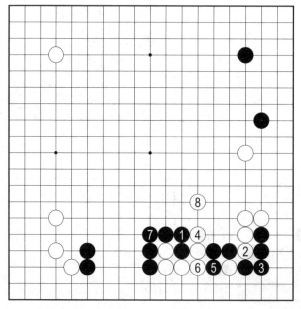

图4 气紧

难易度 ★★★☆☆

黑1若粘上，白棋白2至白8定形。和前图相比，黑棋气紧所以白棋变厚。作为黑棋，还是前图下法更好一些。

44.3 | 55.7 | 目数差 0.7

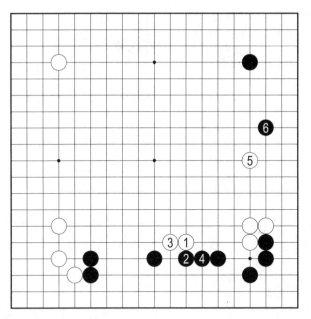

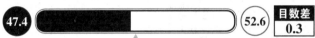

图5　两分

难易度 ★★★☆☆

　　白1从五路开始交换，这是和AI非常相像的手法。将下边全部让给黑棋的补偿是白棋在中腹构筑的模样。

47.4　52.6　目数差 0.3

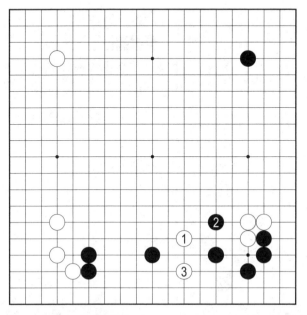

图6　流行布局

难易度 ★★★★☆

　　若黑2跳起反击则白3突击急所。这个布局实际上已经研究了很久，实战的例子也很多。

47.1　52.9　目数差 0.4

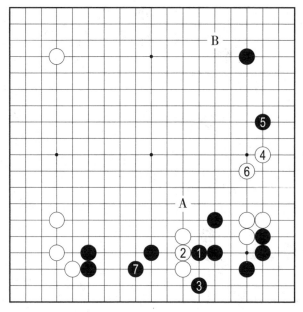

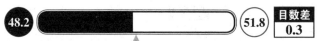

图7　两分

难易度 ★★★★☆

由于图2中白6的位置是黑棋的弱点，所以黑1、3一边夺白棋眼形，一边防守。白棋也是先安定右边，然后A位是本手，B位是快速作战。

虽然很复杂，但也是两分的进行。

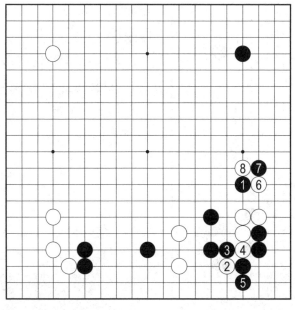

图8　难解的进行

难易度 ★★★★★

黑棋也有不防守自身的弱点，而用黑1积极夹击的下法。白棋2位靠下也是气合的追究，之后白6、8扭断腾挪。

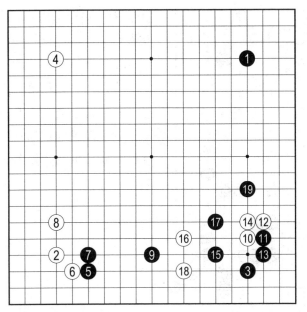

参考棋谱

第24期GS加德士杯 决胜五番胜负

第1局 对局日：2019年5月20日

黑棋：金志锡九段

白棋：申真谞九段

第1谱（1～19）

第2谱（20～39）

白20靠下是白18之后的目标。

交换到黑23后，白24开始行动。

但是，这之后白36是问题手，被黑37征吃后黑棋有利。

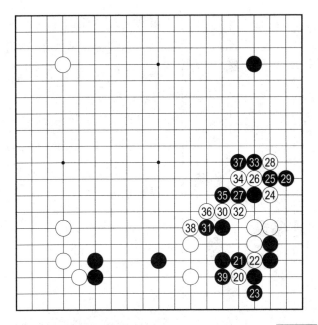

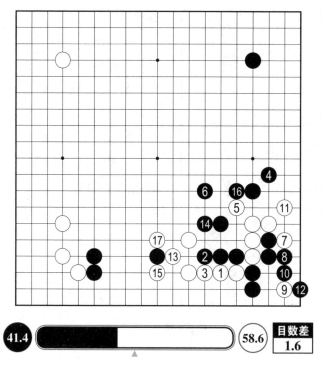

41.4 | **58.6** | 目数差 **1.6**

参考图1 可以考虑的其他方案

白1也可以立即出动。

黑4尖这一手相当严厉，白棋看上去也非常危险，但是黑棋的棋形薄，白13开始在下边连续行棋是漂亮的变化。双方两分。

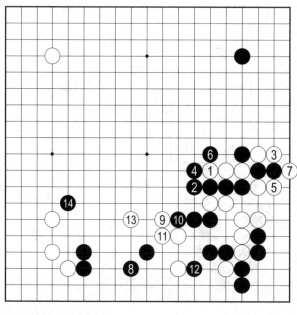

48.3 | **51.7** | 目数差 **0.2**

参考图2 应该吃右边

实战谱的白36应该按本图白1贴起后白3吃二子。

即使下边被黑棋攻击，但由于黑棋的味道也相当不好，白棋并不会轻易被吃掉。

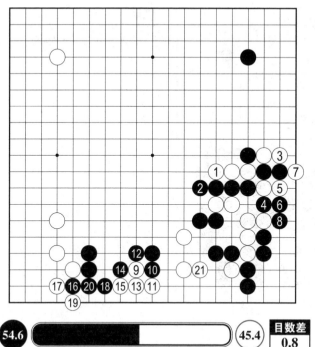

参考图3　黑棋的其他方案

黑棋也有黑4打吃开始吃掉白棋的变化。

对于白9，也有利用下边瞄着左下的下法。

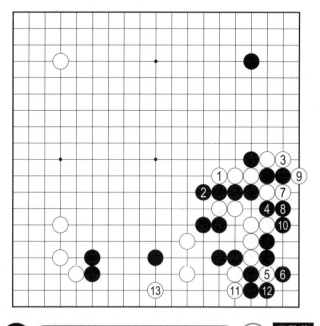

参考图4　魔术

白5断是相当高明的手法。若黑6，则同样弃子之后，由于白11是先手利，白棋可以在不伤害左下角的情况下简单活棋。

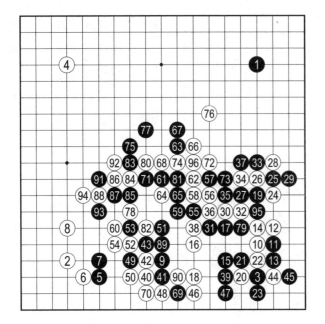

总谱

96手完，白中盘胜。

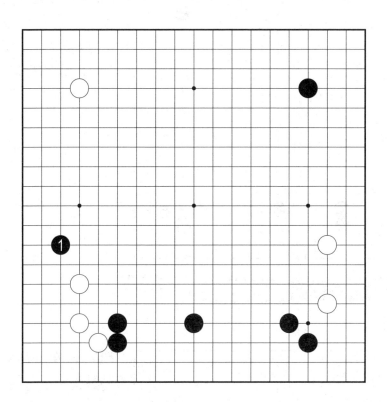

研究图3

　　黑1逼是有力的手法之一，想必很多人都会对此感到烦恼吧。这里介绍一下针对这一手法的变化。

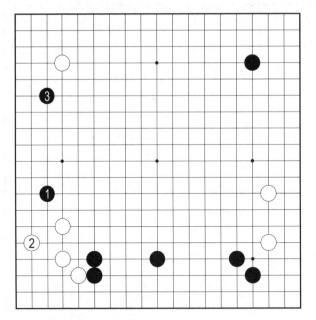

图1 坚实

难易度 ★☆☆☆☆

白2这一手是最为厚实的应对方法。

但是在序盘阶段，这手棋给人的感觉过于厚实。胜率大约降了5%。

56.5 43.5 目数差 0.7

图2 稍稍强硬

难易度 ★★☆☆☆

本图的白2则是比前图更强硬的应法。

但是，白棋的这个棋形稍稍留有余味。

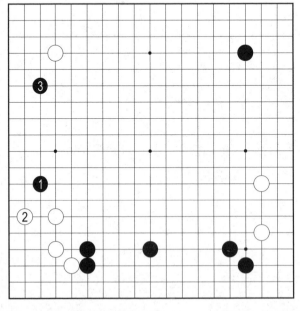

53.5 46.5 目数差 0.4

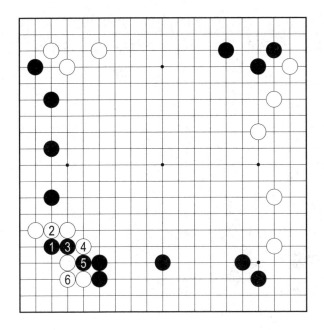

图3 点是弱点

黑1点是白棋的弱点，虽然目前被白2挡住也没有什么问题，黑棋基于此点……

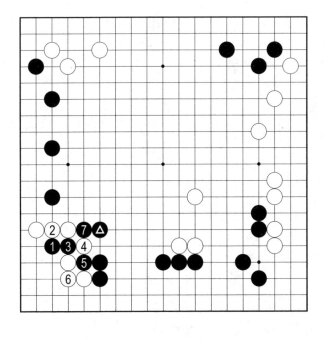

图4 周围有先手

若将来黑△等位置有子时，前图的手法就能够成立了。所以必须注意到在图2中的应法黑棋会有很多先手利用。

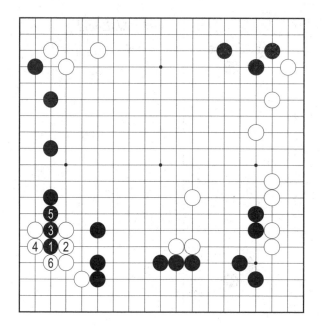

图5　实地损失

若白2应，虽然不会有太大问题，但黑3开始连络上，白棋的实空会被大幅破坏。

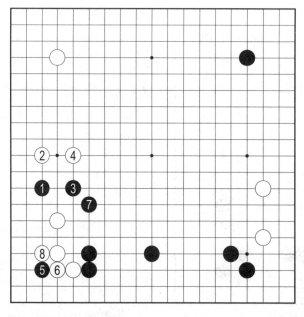

图6　两分

难易度 ★ ★ ★ ☆ ☆

白2夹是白棋的强硬手法之一。

至白4跳起，白棋态度强硬。到黑7为止，黑棋增强了中腹的势力。

52.3 ▬▬▬▬▬▬▬ 47.7　目数差 0.2

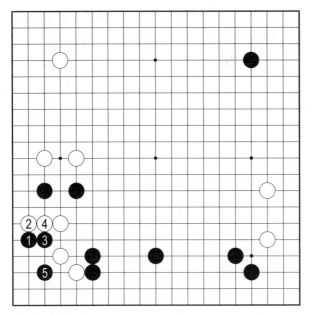

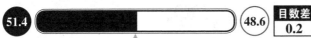

51.4　48.6　目数差 0.2

图7　攻击的急所

难易度 ★★★★☆

也有黑1大飞进角的手段。虽然看上去棋形很薄，但却是相当复杂的变化。若白2靠下追究，至黑5，黑棋可以潜入角部。

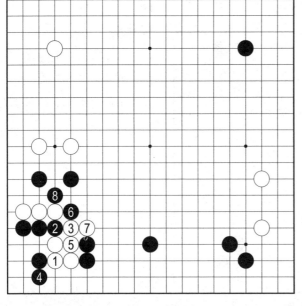

87.1　12.9　目数差 7.2

图8　白棋麻烦

若白1应，黑2之后白棋形崩。如此则是黑棋优势。

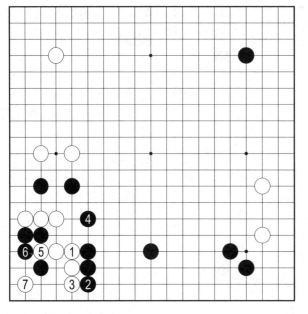

| 48.3 | | 51.7 | **目数差**
0.3 |

图9　意外有力的手法

难易度 ★ ★ ★ ★ ☆

　　虽然白1明显是棋形不太好的手法，但却是最好的应手。虽然很复杂，但黑棋如果从外面先手取利，白棋可以不理会而追究黑棋角上的死活。

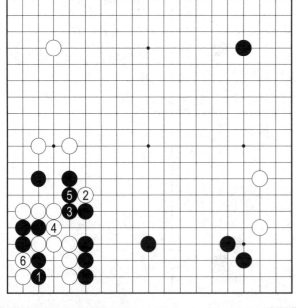

| 50.2 | | 49.8 | **目数差**
0.1 |

图10　两分

难易度 ★ ★ ★ ★ ☆

　　黑1挡时，白2靠是手筋。黑3之后黑棋弃掉角上构筑的厚势。这是两分的变化。

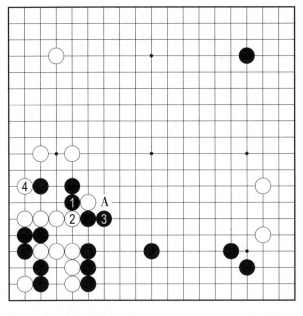

图11　这也是两分

难易度 ★ ★ ★ ★ ☆

若黑1断，白2正好是双的棋形。白4托过救出角上的白棋后，角部的死活和A位的逃出棋筋见合。

44.9　55.1　目数差 0.8

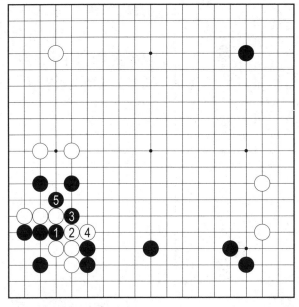

图12　严厉的一手

难易度 ★ ★ ★ ★ ☆

很多人会考虑在黑1、3冲断。白棋只得2、4应，虽然看起来很严厉，但是……

45.3　54.7　目数差 0.6

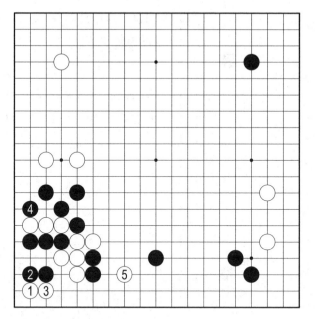

图13　两分

难易度 ★★★★☆

　　白1开始攻击是漂亮的弃子手法。之后针对黑棋气紧获利后，白5打入在急所，白棋没有不满。

46.0 ◀ 54.0　目数差 0.4

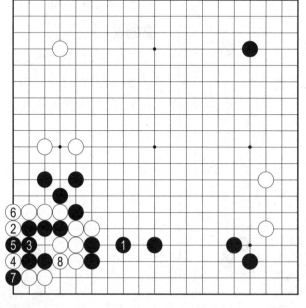

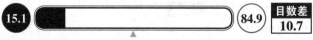

图14　黑棋脱先无理

　　对于前图白3，黑棋若脱先在黑1防守，白2开始紧气的手法很精彩，对杀黑负。

15.1 ◀ 84.9　目数差 10.7

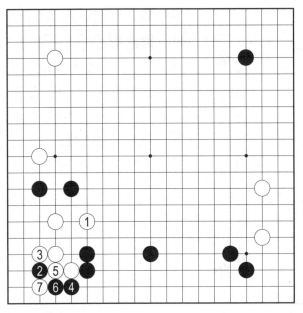

图15　战斗

难易度 ★★★☆☆

也有采用白1将黑棋分断后作战的手法。

虽然有些担心被黑2点三·3追究，但白3开始可以忍耐。

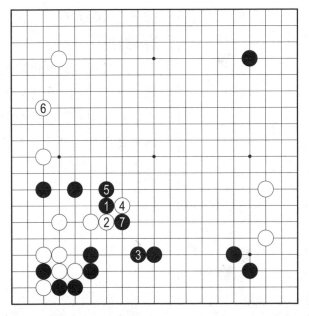

图16　战斗的一例　两分

难易度 ★★★☆☆

举一个例子，黑1至黑7在中腹展开战斗。

毫无疑问这是很复杂的进行。

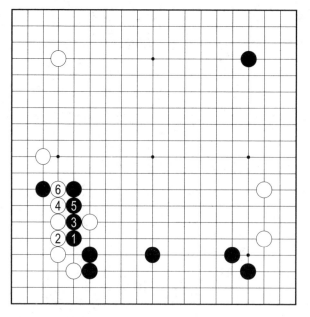

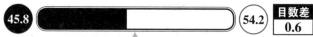

图17 恐怖的双觑 两分

难易度 ★ ☆ ☆ ☆ ☆

很多人会对黑1的双觑感到困扰。本图的场合，直接放弃中央的白一子，而制住左边的黑子。这是白棋没有不满的变化。

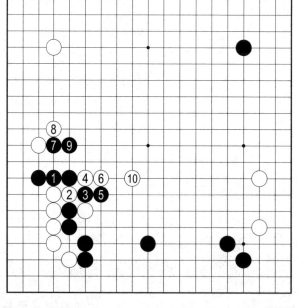

目数差 0.6

图18 白棋易战

难易度 ★ ★ ☆ ☆ ☆

若黑1接则白2可以开始作战。白6时，虽然黑棋可以让左边棋子逃出，但白棋在白10等处的先手利太多。战斗对白棋有利。

目数差 1.7

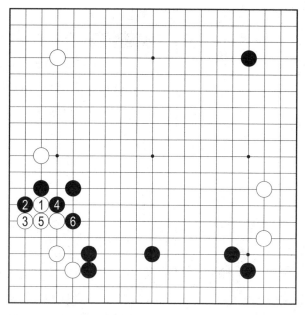

图19　安定方案

难易度 ★ ★ ☆ ☆ ☆

也有采用白1开始先手交换的手法。黑2开始将白棋封住是有力的手法之一。

这是推荐给想将棋子连接在一起的读者的下法。

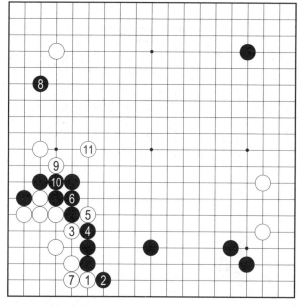

图20　两分

难易度 ★ ★ ☆ ☆ ☆

白1先扳一手后，白3至白7整形。黑8是相当严厉的手段，白9一边破坏黑棋的棋形一边战斗。

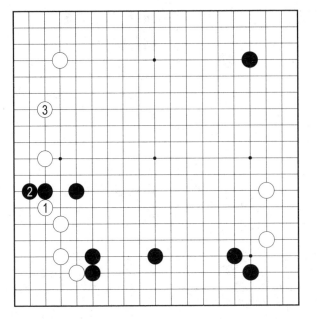

图21 两分

难易度 ★★★☆☆

若黑2立下，则白3在左上是强硬的展开。黑棋在左下的定形方法是焦点。

目数差 0.1

49.5 ████████▌ 50.5

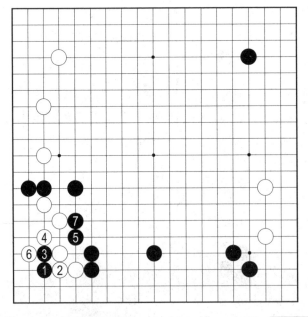

图22 两分

难易度 ★★★☆☆

黑1是引人注目的急所。白2是忍耐的一手，黑3开始弃掉角部而走厚中央。这是两分的进行。

53.2 ██████▌ 46.8 目数差

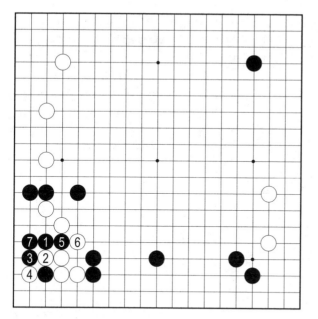

图23　虽然看上去是急所

难易度 ★ ★ ★ ☆ ☆

黑1虽然也是一类急所，但被白2冲下时，情况有些微妙。至黑7，虽然白棋的棋形被破坏，但是……

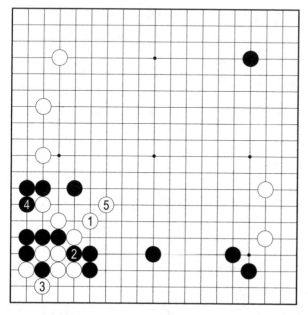

图24　白棋有利

难易度 ★ ★ ★ ☆ ☆

白1虎防守，诱使黑2断。白3提是漂亮的一手，白棋各自做活是不坏的进行。

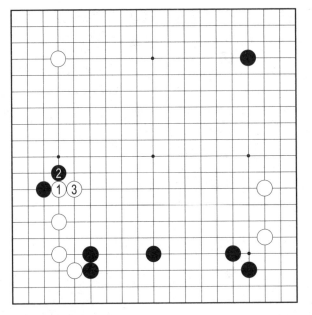

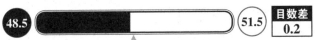

48.5　51.5　目数差 0.2

图25　新定式

难易度 ★ ★ ★ ☆ ☆

从白1、3压长开始。

目的是不让黑棋做成模样，同时也让角部的味道更好更安定。

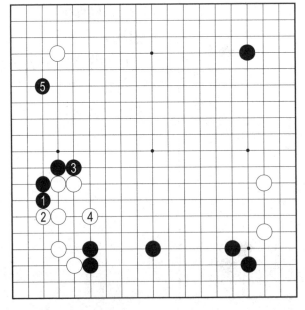

49.3　50.7　目数差 0.1

图26　压长定式

难易度 ★ ☆ ☆ ☆ ☆

黑1是最先考虑的基本手法。白棋左下角的味道变好，而黑棋在左边也取得了漂亮的棋形，所以这是双方都没有不满的进行。

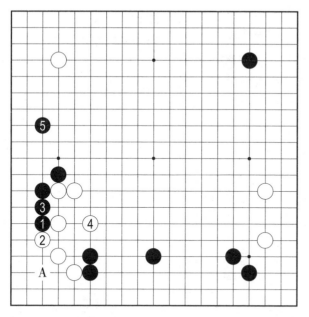

图27　虽然是两分

难易度 ★★★☆☆

　　黑1更进一步托的手法十分积极。若白2挡下，黑棋将左边处理完后就会关注到A位的点三·3。虽然也是两分的进行，但比起前图，黑棋更加强硬。

图28　白棋有力的变化

难易度 ★★★★☆

　　白3的征子若有利，就有白1切断反击的手法。先吃掉黑棋一子之后再处理角部的白棋。

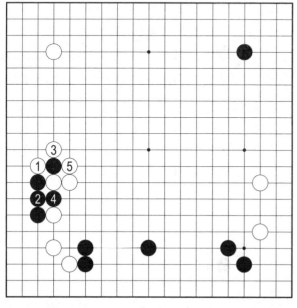

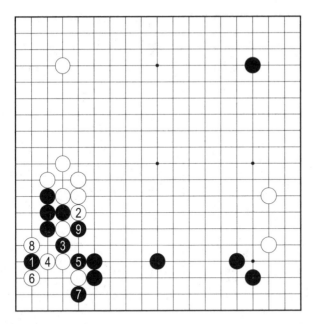

图29 两分

难易度 ★ ★ ★ ★ ☆

黑1虽然严厉，但白2、4的腾挪手法很流畅。黑棋下边的厚势也十分可观，所以双方是两分的进行。

42.6 / 57.4 目数差 0.9

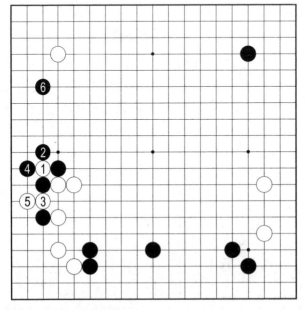

图30 白棋太急

难易度 ★ ☆ ☆ ☆ ☆

白1时，也有黑2打吃的强硬手法。此时白3匆匆忙忙地反打穿下。黑棋的拔花太大。

51.9 / 48.1 目数差 0.1

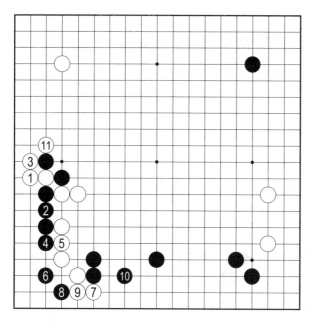

图31 虽然两分但优于前图

难易度 ★★★☆☆

白棋如前图那样被黑棋拔花并不好，所以白1首先要逃。黑2开始，白棋角上的实空虽然被席卷一空，但可以回到白11打吃，所以左上的白棋相当厚实，这是白棋不错的下法。

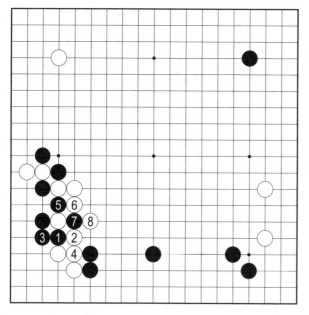

图32 吃掉白棋的方法

难易度 ★★★☆☆

黑1挖是狙击的秘手。

白2、4顺调应对，黑棋至白8先手交换后……

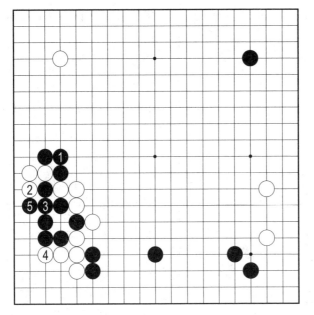

46.2 ▮▮▮▮▮▮▮ 53.8 目数差 0.5

图33 两分

难易度 ★ ★ ★ ☆ ☆

黑1粘。前图黑棋的交换是为了在此处对杀取胜而做的准备工作。

白棋也没有其他办法，只能利用弃子让黑棋收气吃。

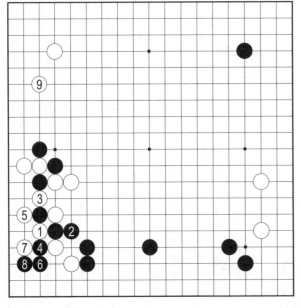

43.9 ▮▮▮▮▮▮▮ 56.1 目数差 0.7

图34 两分

难易度 ★ ★ ★ ☆ ☆

白1从下边打吃的手法好像能取胜。白3后让黑棋吞下角部，但白棋在边上拔花也相当厚实。这可以说是两分的变化。

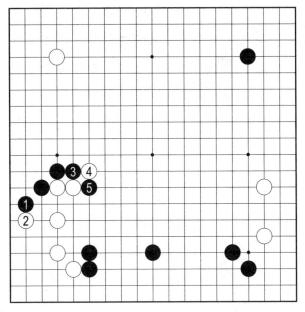

图35　变化丰富

难易度 ★★★★☆

也有黑1尖的手法。战斗的变化很多。若白2靠下，黑3贴起后黑5断。

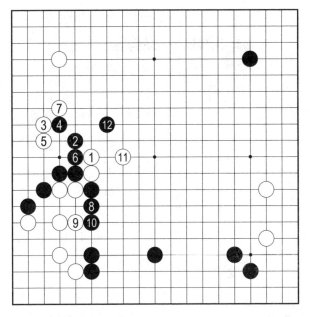

图36　两分的战斗

难易度 ★★★★☆

这是战斗的一例。双方竞相向中央出头，这将是一场漫长的战斗。

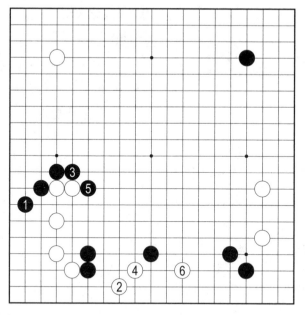

图37　脱先也是两分

难易度 ★ ★ ★ ★ ☆

由于黑1尖在二路，对白棋的压迫相对较小，所以白棋也可以考虑脱先。本图也是一例，白2点开始，双方各行其道。

49.1 ◆━━━━━━━━━━━ **50.9** ｜目数差｜ **0.1**

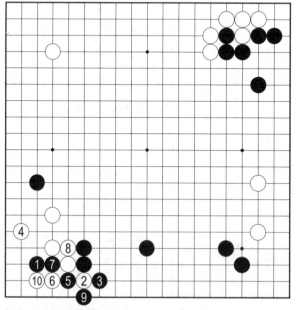

图38　有力的腾挪

难易度 ★ ☆ ☆ ☆ ☆

这是黑棋在左下连下的局面。对于黑1点三·3，白2扳一手阻止黑棋渡过后，又有白4飞下挡住。黑棋下边也可以变得很厚，所以这一手不大。但是这作为白棋的一种腾挪手法，大家也应该事先记住。

45.1 ◆━━━━━━━━━━━ **54.9** ｜目数差｜ **0.6**

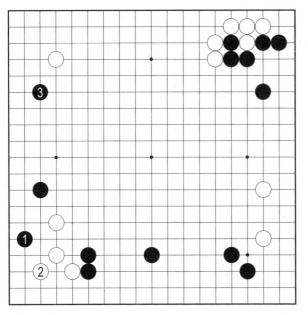

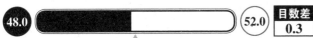

图39 另一处急所

难易度 ★★☆☆☆

黑1大飞溜入也是一处急所。白棋若应对的话，白2是棋形的好手。这是两分的进行。

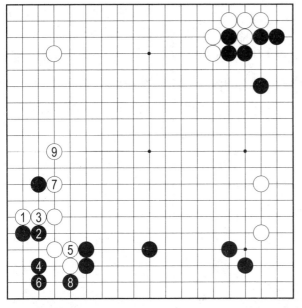

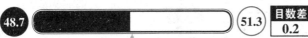

图40 也可以反击

难易度 ★★★☆☆

白1直接靠下的下法也可以考虑。对于黑4，白5下成空三角是关键。至白9是两分的进行。

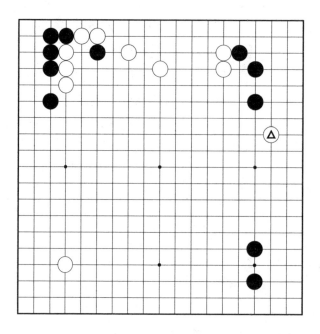

参考棋谱　下一手是?

第21期 麦馨咖啡杯入神连胜最强战

8强战 对局日：2020年3月10日

黑棋：李志贤九段

白棋：崔精九段

主题图

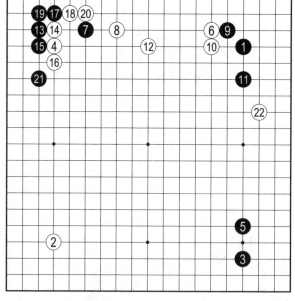

第1谱（至主题图为止的次序）

这是至主题图为止的次序。最近对于白6挂星位，脱先的情况非常多。

50.3　**49.7**　目数差 **0.0**

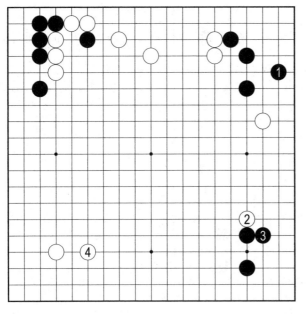

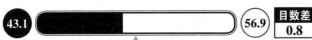

图1　若是要应

若是要应，则棋风坚实。虽然也不算什么恶手，但是由于有贴目，所以有想要再强硬一些的心情。

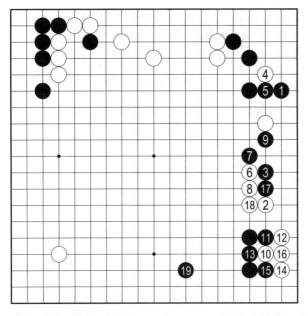

图2　要注意刺

黑1跳下是稍强硬的下法，但要注意白4的刺。

白4后回到白6靠是优秀的弃子手段。

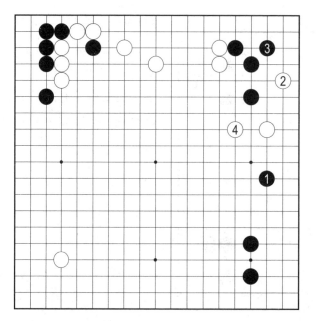

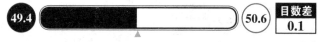

图3　宽夹

宽松的夹和普通夹时的下法没有很大的区别。在注重右下时可以使用黑1夹的手法。

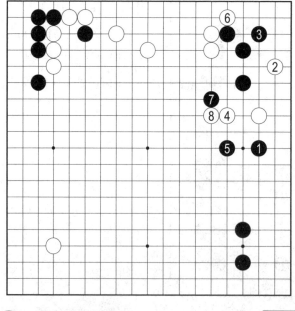

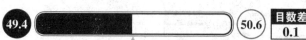

图4　最紧的夹

黑1是最紧的夹，这是对白棋的压迫性下法。本图是一例，这是一种相当积极的下法。

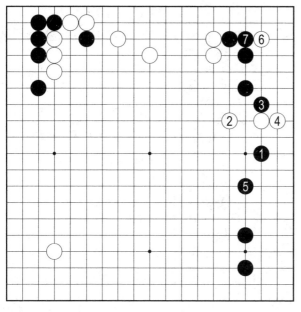

51.7　48.3　目数差 0.3

图5　重视角部的下法

也有从黑3开始重视角部的下法。

右下的实地相当厚实。

白棋上边的阵势可能会变得很大，所以破空过程将会成为重点。

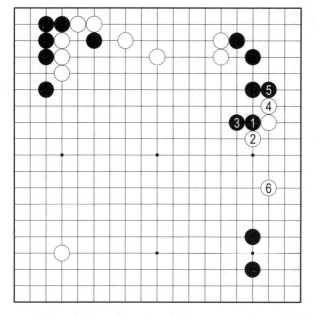

46.4　53.6　目数差 0.4

图6　妥帖的进行

黑1至白6是妥帖的进行。

黑棋右边虽然被分割了，但也牵制了上边白棋的模样。

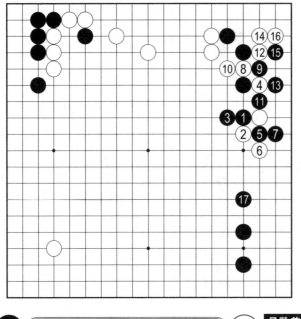

图7　两分的转换

白4开始的转换也有力。

由于双方实空的规模都得到了扩大，所以如何相互抑制成为棋局的重要问题。

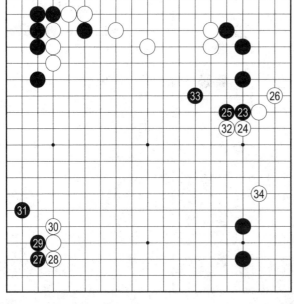

图8　实战的进行

白26尖是实战的进行。

对于白棋的尖，黑棋也可以考虑脱先。不定形的下法非常复杂。

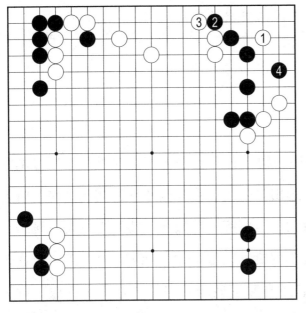

图9　追究时该如何处理

由于脱先，所以很在意被白棋点三·3的追究手法，但此局面可以使用黑2、4的组合手段。

若如此下则黑棋稍稍有利。

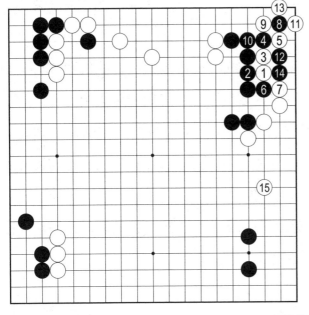

图10　追究方法

白棋若要追究黑棋的脱先，采取白1刺的手法比较好。

至白15是两分的进行。

洪道场式远足

在洪道场，我以成为职业棋手为目标修行着。这是那个阶段的故事。洪道场利用休息日，选出学生去远足，这是一种克己训练。听起来远足是一项挺快乐的活动，但事实并非如此。实际上这是一场地狱式的训练。我参加地狱式远足之旅是在18岁，应该是在8月一个室外35摄氏度的酷暑天。起点是当时洪道场所在的市谷（现在搬到阿佐谷），终点在千叶县的幕张。这条路有35千米，确实是一段相当遥远的距离。那么我为什么要用脚走呢（笑）？最初的10千米，大家一边聊天一边愉快地走着。但是到了20千米左右，大家渐渐没有了体力，话也减少了。

大家默默地继续行走着。在沉默的行走过程中，我们会在心里思考很多。平时的学习，今后的目标和课题，是时候直面自己了。到达目的地之后的奖励是看棒球比赛，从远足中解放出来的感觉非常兴奋。通过这种克己训练，我学会了如何面对自己，如何不放弃困难的目标。这是一次非常宝贵的远足体验。

顺便说一下，前年也有远足，居然用了2天1夜的时间从阿佐谷走到了神奈川县的八景岛（笑）。

第二章　托扳定式

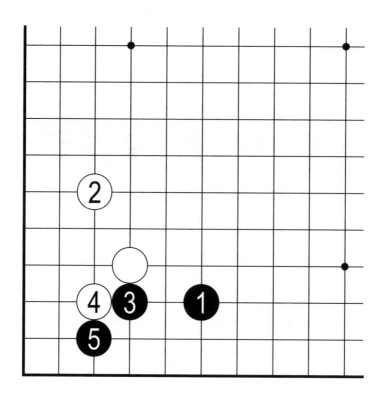

托扳定式·主题图1

  自从AI出现以后，托扳定式成了星位定式中的王道定式。以前它只是作为腾挪的手段而有名，但现在它作为一种更积极的行棋方式而广受欢迎。

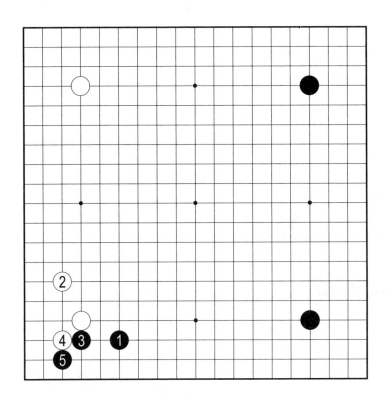

研究图1

在AI的影响下，双方都下二连星的布局十分常见。

这方面的研究已相当深入，包含着各种各样的变化。

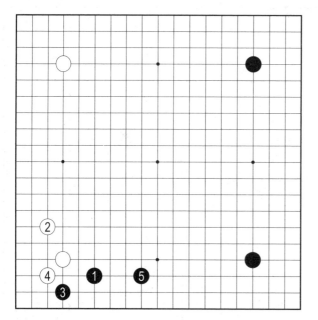

图1 旧定式

难易度 ★ ☆ ☆ ☆ ☆

这是以前经常使用的定式。

最近，由于AI不使用这个定式，所以很少见到了。

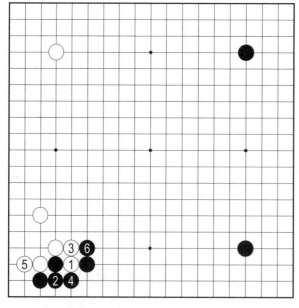

图2 新定式

难易度 ★ ★ ★ ☆ ☆

白1至黑6的下法是到现在为止都在使用的定式。

接下来的变化由于AI而发生了改变。

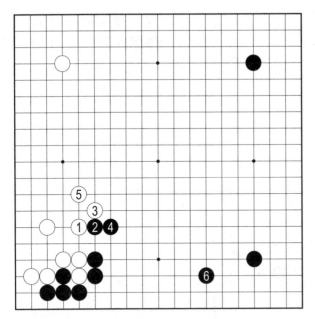

58.3　41.7　目数差 1.1

图3　黑棋稍稍有利

难易度 ★★☆☆☆

白1跳虽然是厚实的下法，但黑2开始继续加固白棋。加固对方的活棋而扩张自身的阵势是高效率的下法。

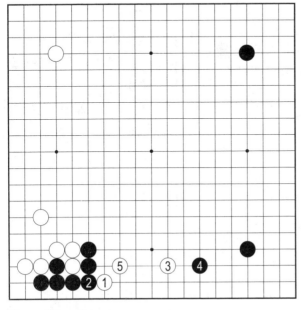

49.9　50.1　目数差 0.1

图4　两分的战斗

难易度 ★★★☆☆

白1破去黑棋眼位的手法很严厉。

黑2若粘，则白3在下边分投。

至白5，黑棋虽然眼位不足，但也是两分的战斗。

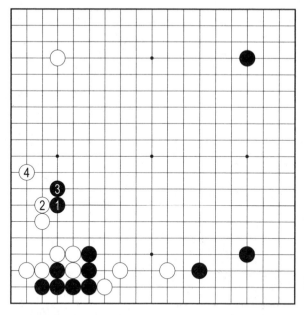

图5　有力的腾挪手筋

难易度 ★ ★ ★ ☆ ☆

　　黑1开始定形的手法是腾挪的手筋。

　　黑棋虽然和本体（左下角黑棋）之间的间隙很大，但却是非常不错的手法。

48.9　**51.1**　目数差 **0.2**

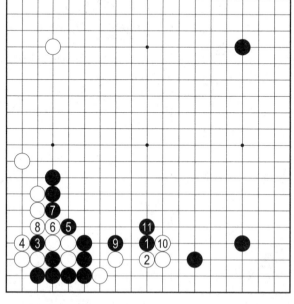

图6　有力变化

难易度 ★ ★ ★ ☆ ☆

　　黑3开始针对白角先手取利。

　　于是，前图看起来很单薄的黑子紧密地连接在一起。所以前图的黑1是一定要记住的手法。

50.5　**49.5**　目数差 **0.1**

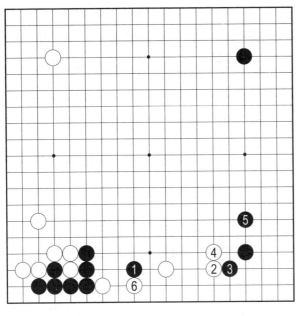

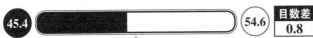

45.4　54.6　**目数差 0.8**

图7　黑棋微妙的变化

难易度 ★★☆☆☆

黑1开始虽然想让左下安定，但被白6托后，黑棋根据地被侵消殆尽。

所以，大致还是要下图4的黑4。

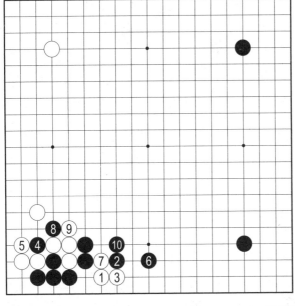

54.8　45.2　**目数差 0.7**

图8　新定式

难易度 ★★☆☆☆

对于白1，也有黑2罩的变化。白3后，黑4、6、8连续使出手筋。这个变化出现在柯洁和阿尔法棋的对局中，非常有名。

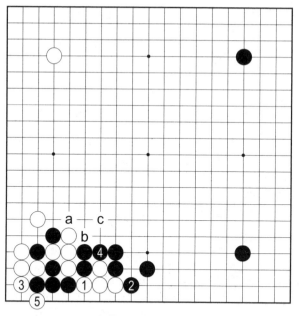

图9　黑棋有利

难易度 ★★☆☆☆

若白1断，虽然可以吃掉角上的黑棋，但是局部并不大。另外，黑4先手之后，这里还留着黑a、白b、黑c影响中腹的先手。

73.8　　26.2　目数差 3.5

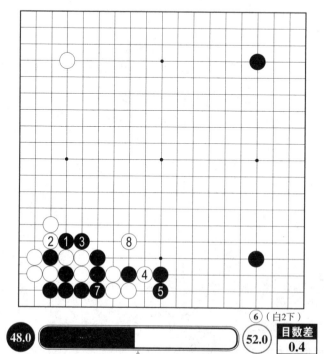

图10　两分

难易度 ★★★★☆

对于黑1，也可以考虑白2妥协，白4突破下边的下法。如此是双方纠缠的局面。

⑥（白2下）

48.0　　52.0　目数差 0.4

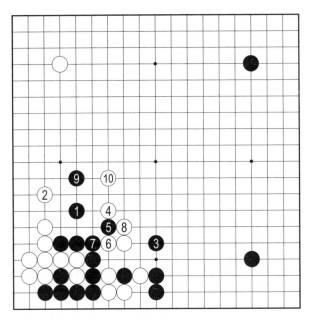

图11 两分

难易度 ★★★★☆

　　黑1是较难发现的一手，是腾挪的形。

　　双方竞相向中腹跳出，两分。

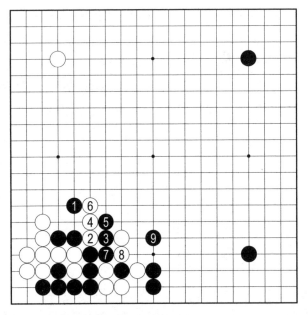

图12 白棋中计

　　对于黑1，若白2断会如何？黑棋从黑3开始弃子，黑9开始攻击。

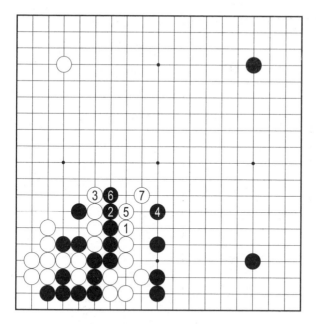

图13 白棋是裂形

白棋下边不能被吃，所以至白7向中央出头。但是逃出时下的白1、5是裂形，所以并不是好手。

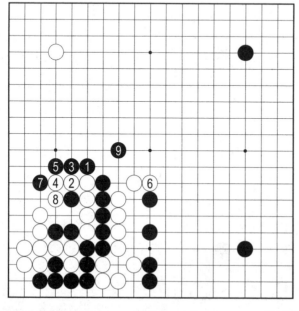

图14 黑棋压倒性优势

黑1扳头是令人心情愉快的好手。

黑棋将左边封住后黑9回过来守断点，弃子作战取得巨大成功，黑棋的收获非常大。

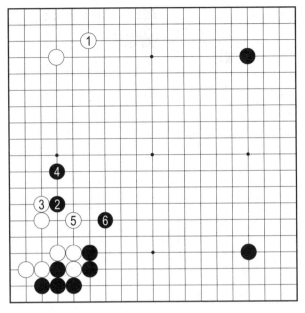

图15 两分

难易度 ★★★☆☆

图3的形是白棋脱先的局面。

黑棋若要在局部连续行棋，黑2尖冲是急所之一，至黑6以柔和的方式压迫白棋。

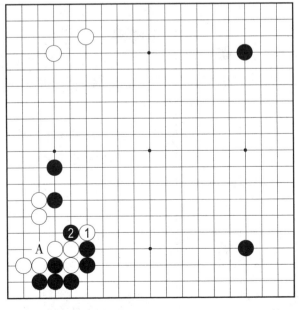

图16 白棋筋恶

虽然很想用白1断开黑棋，但被黑2切断后，白棋的棋形很差。这个棋形留着黑A位的断。

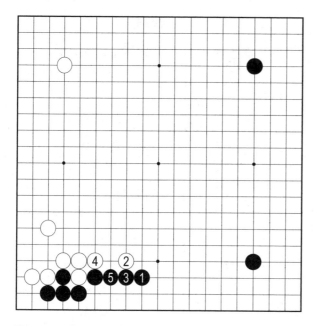

图17 黑棋稍稍不满

难易度 ★ ★ ☆ ☆ ☆

黑1虽然是稳妥的作战手法，但是会被白2、4取得先手利。黑棋稍稍不满。

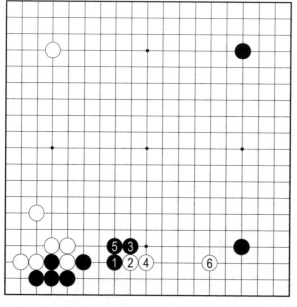

图18 简明方案

难易度 ★ ☆ ☆ ☆ ☆

因此，如果黑棋要在下边拆，黑1是深思熟虑的好手。

之后的变化可以考虑白2开始的先手取利。

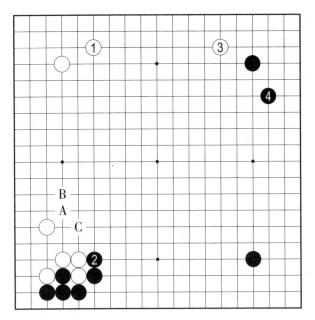

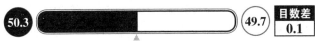

图19　白棋偏薄的下法

难易度 ★★★☆☆

图2的白5若脱先下本图白1之类的守角也可以考虑。但是，黑2是很大的一手，接下来黑棋有A、B、C三处攻击点，白棋棋形稍薄。AI的评价是两分，所以白棋的下法也不能称之为恶手。

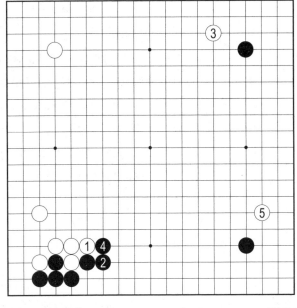

图20　流行的先手定式

难易度 ★☆☆☆☆

前图黑2很大，所以现在流行白1先交换一手之后再脱先。白1压一手之后，白棋的外气增加，所以即使被黑4拐，黑棋的严厉程度也有差别。

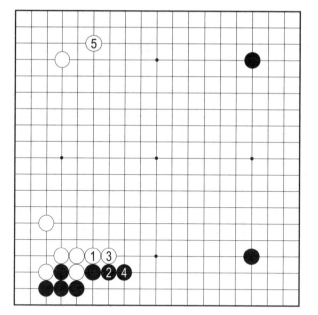

图21 白棋稍微有利

难易度 ★★☆☆☆

不仅白1，也有白3再压一手的下法。若黑4应则白棋是先手利，白棋稍有所得。

44.9 | 55.1 | 目数差 0.7

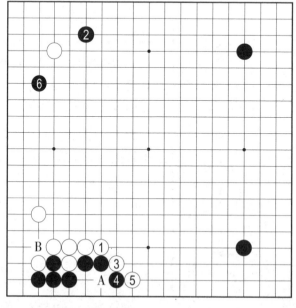

图22 快速作战 两分

难易度 ★★☆☆☆

对于白1，黑棋也可以脱先。白3、5的连扳虽然很麻烦，但是黑棋A位和B位见合，所以不会死。黑棋或者选择黑6双飞燕的快速行棋，或者立即在B位吃子做活。

53.1 | 46.9 | 目数差 0.4

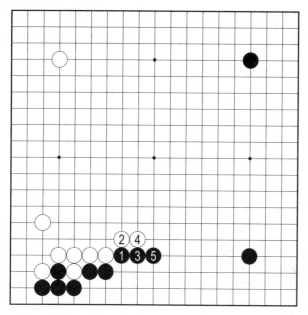

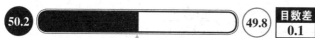

图23　抬高黑棋位置

难易度 ★★☆☆☆

黑1扳是抬高黑棋位置的强硬手法。此处若白2反扳就顺应了黑棋的目的。而从形势上来讲是两分。

50.2 ◖ 49.8 ｜ 目数差 0.1

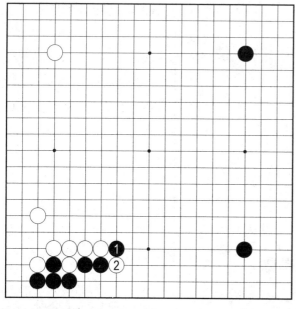

图24　只此一手

难易度 ★★★★☆

由于不能让黑棋顺心如意，所以白2要立即切断，这是气合的一手。

被扳时首先要考虑断，这是提高水平的必要技巧。

46.9 ◖ 53.1 ｜ 目数差 0.5

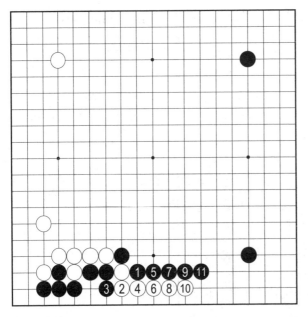

图25　黑棋糟糕

从黑1开始打吃是最先想到的下法。

白棋不愿被吃，所以在二路拼命地爬。而事实上这里白棋可以反击。

23.2　76.8　目数差 4.4

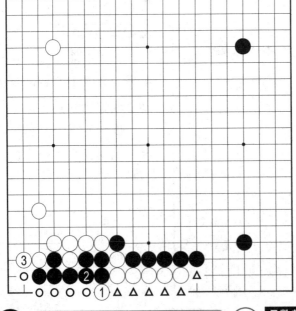

图26　白棋对杀胜

白1打吃后白3立下可以吃掉黑棋。对杀的话，黑棋是5气（○），而白棋是6气（△），白棋1气胜。

7.5　92.5　目数差 11.6

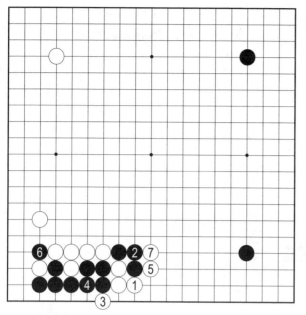

图27 白棋有利

由于前图的黑棋对杀失败，所以黑2粘后黑6回来吃子做活，但是白7贴起后，白棋的切断作战成功。

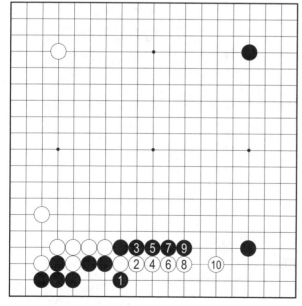

图28 新定式

难易度 ★ ★ ★ ☆ ☆

黑1从下边开始打吃一手，在角上做出眼位很重要。

之后，黑3开始连压作战。

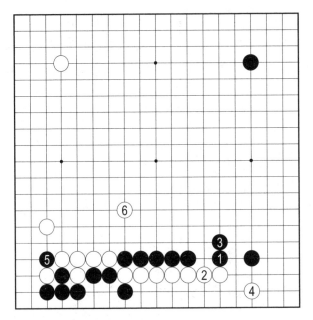

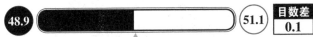

图29 两分

难易度 ★ ★ ★ ☆ ☆

黑1开始在中腹封锁白棋，黑3是特殊的手法，至白6为止告一段落。这是两分的进行。

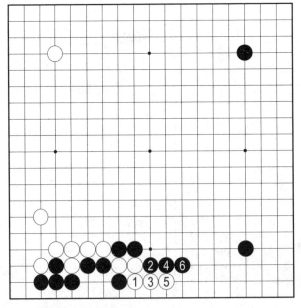

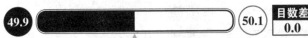

图30 新定式

难易度 ★ ★ ★ ☆ ☆

白1也有挡下的手法。

黑2开始连续压住白棋，一边构筑厚壁，一边强行要求白棋两眼活。

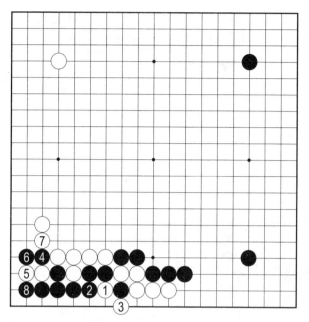

图31　分别做活

　　白棋要做活下边，白1打吃后白3提子做眼，黑棋也是黑4打吃，吃掉下角上白子后做活。

　　双方分别做活之后再向中腹进军。

55.0　　　**45.0**　目数差 **0.6**

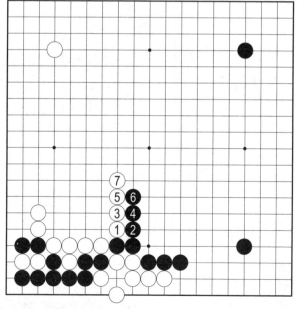

图32　两分

　　白1是划分黑壁和白壁界线的急所。

　　现在开始是双方各自扩张自身模样的棋局。

59.3　　　**40.7**　目数差 **1.1**

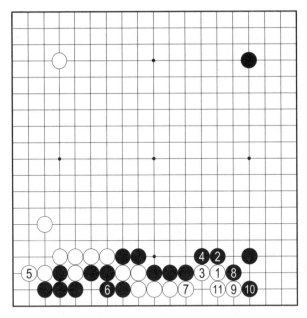

图33　白棋作战成功

难易度 ★ ★ ★ ★ ☆

　　白棋在做活之前也可以在白1先下一手。若黑2普通应对，白3、黑4交换后白5立下是白棋的作战方案。双方虽然是分别做活，但能下到白5是白棋的成功。

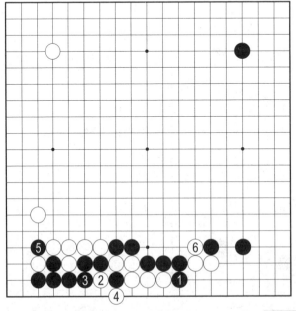

图34　裂形

难易度 ★ ★ ★ ★ ☆

　　对于前图的白3，若黑1拐下反击，白2开始做活后，白6分断黑棋。

　　AI的评价虽然是两分，但是黑棋的心情不会很好。

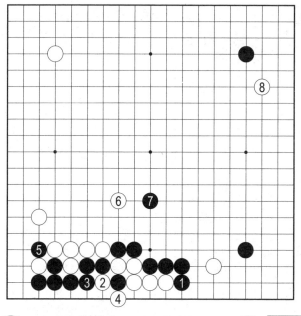

图35 两分

难易度 ★★★★☆

黑1不跟着对方应而是拐下让双方各自做活是好手。右下角虽然白棋留有各种手段，但也是两分的变化。白8脱先的这一手，在右下点三·3开始着手也不错。

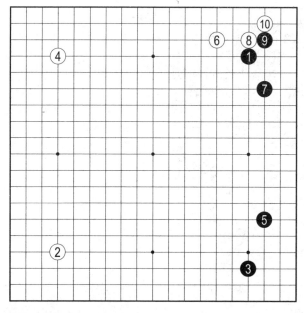

参考棋谱

第45期名人战预选决胜

对局日：2019年11月18日

黑棋：一力辽八段

白棋：藤泽里菜四段

第1谱（1~10）

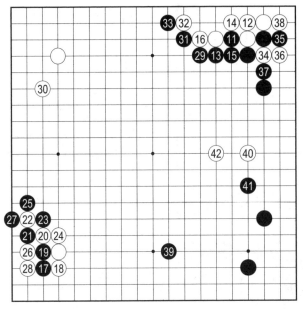

46.6 ◼◻ 53.4　目数差 0.4

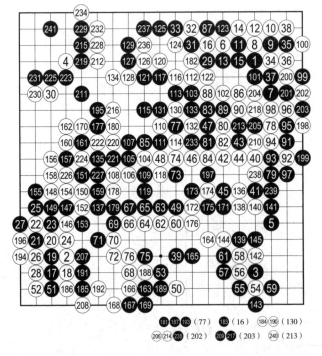

第2谱（11～42）

托扳定式在实战中也经常出现，至白16为止的棋形非常多。

黑29是白棋作战的分歧点。实战是白30至白38的取地作战。

总谱

241手完，黑中盘胜。

181 187 193（77） 183（16） 184 190（130）
206 214 235（202） 209 217（203） 240（213）

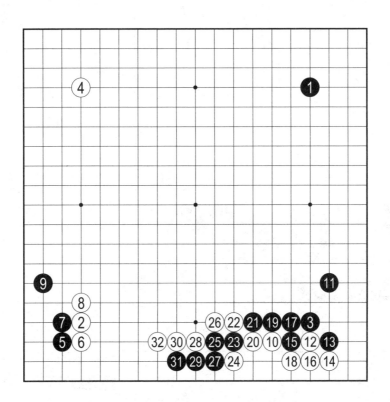

研究图2

　　左下是直接点三·3定式的下法。下边有没有能更动点脑筋的手法呢？

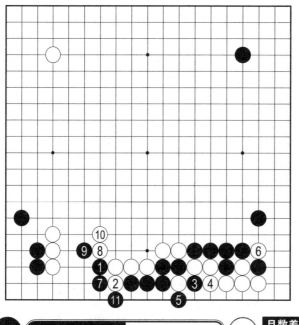

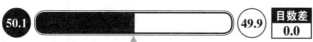

图1 用心的手段

难易度 ★★★★☆

黑1鼻顶是在下边做活之前做的工作。白2是当然的应法，但双方各自做活后，黑棋可以以黑7开始发动。这是两分的进行。

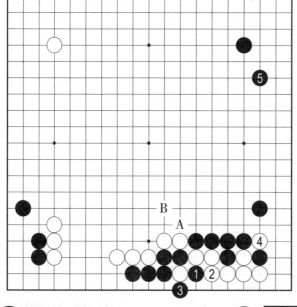

图2 两分

难易度 ★★★☆☆

黑1开始纯粹以各自分别做活为目标，这也是两分的进行。

如果是这个配置，左下至下边的白棋稍厚，所以和黑5下在A位和B位相比，下在右上守角的手法，评价值要高10%。

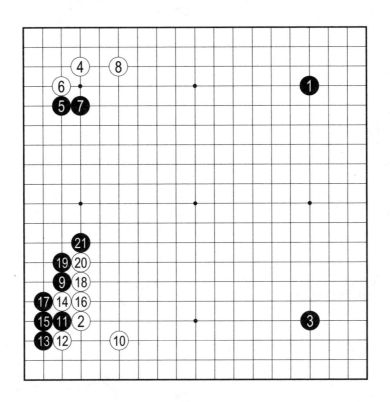

研究图3

　　左上的定式是最近非常常见的定式之一。由于左边的幅度稍窄，所以之后的变化也稍有改变。

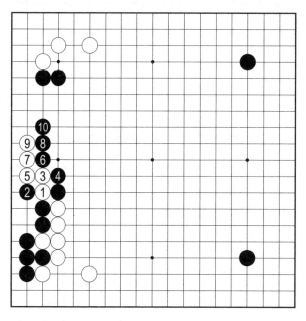

图1 定式变化

难易度 ★ ★ ★ ☆ ☆

　　白1开始断，同样至黑10为止。到这里和平时的变化一样。

53.8 ｜ **46.3** 目数差 **0.4**

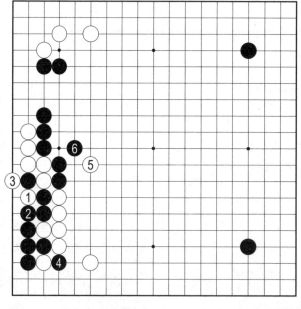

图2 两分

难易度 ★ ★ ★ ☆ ☆

　　左边也没有什么可以动脑筋的地方，所以白1开始直接做活。

　　这是互相没有不满的进行。

53.1 ｜ **46.9** 目数差 **0.4**

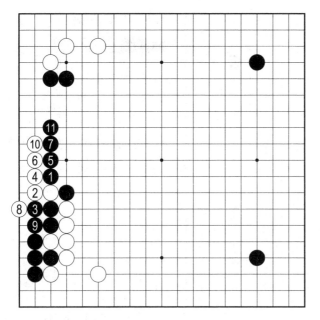

图3 黑棋没有崩溃

难易度 ★★★★★

由于左上角有黑棋的后援，这种局面黑1打吃开始的下法可以成立。此后是对杀的变化。

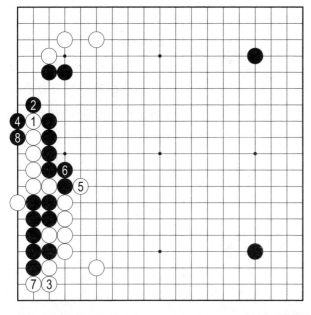

图4 白棋稍微有利

难易度 ★★★★★

白棋很难在对杀中取胜。

因此，白3开始弃子，至白7为止让黑棋收气吃而从中获利。左边最初是黑棋的阵地，所以即使被吃白棋也没有不满。

目数差 1.0

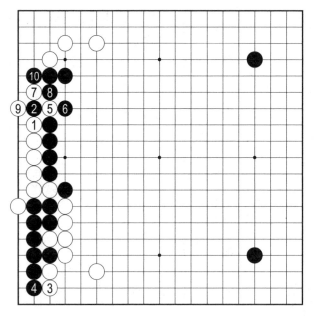

图5 带着劫争的对杀

难易度 ★★★★★

白3时，黑棋并不立即去吃棋，而是强硬地用黑4挡住以求稍稍得利。对此白5开始展现出针锋相对的韧性，这是细腻的回应。

57.0 / 43.0 目数差 1.3

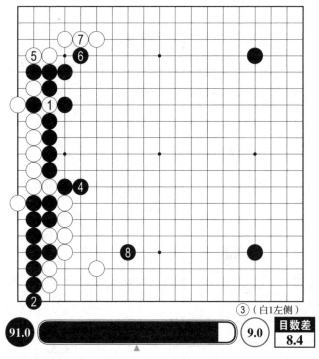

图6 黑棋有利

难易度 ★★★★★

白1开始提劫，由于黑棋开始找劫材而劫材不够，所以结果是双方各自做活。

但是，白棋的实空少，且整体上黑棋较厚，对下边白棋施加压力后黑棋易下。

91.0 / 9.0 目数差 8.4

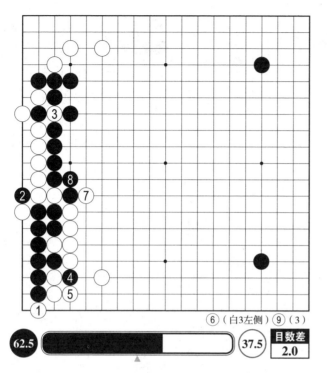

⑥（白3左侧）⑨（3）

62.5 ▮▮▮▮▮▮▮▮▮▮▮▯▯▯ 37.5 | **目数差** 2.0

图7 争夺劫材

难易度 ★★★★★

白1不提劫，而来收气打算吃黑棋时会如何？黑棋除了争劫之外已经没有其他的道路可以走，所以只能一心寻找劫材。

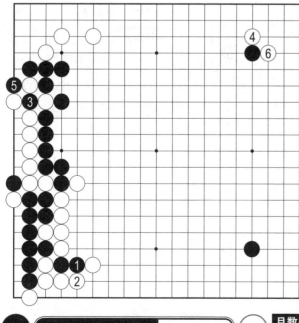

61.8 ▮▮▮▮▮▮▮▮▮▮▮▯▯▯ 38.2 | **目数差** 1.6

图8 两分 评价值黑棋稍高

难易度 ★★★★★

白4并不是劫材，白棋少一个。

所以，白4、6连下两手，从全局而言白棋也没有不满。这是两分的进行。

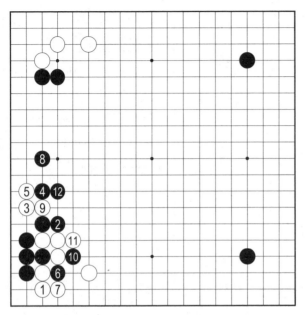

图9　其他定式

难易度 ★★★☆☆

　　此配置的情况下至白12的定式，是白棋的有趣下法。

　　这是瞄着出动左边三子（3、5、9）的下法。

54.8 ／ 45.2　目数差 0.3

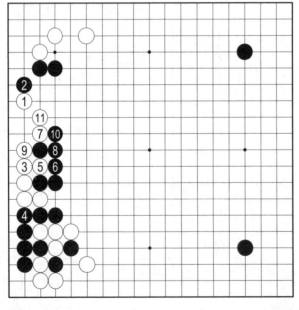

图10　有力手法

难易度 ★★★★☆

　　白1点是好手。

　　黑2打算强硬分断，但是从白3开始白棋在左边全部做活，而黑棋的根据地却被连根拔起，这是白棋理想的展开。

14.5 ／ 85.5　目数差 6.3

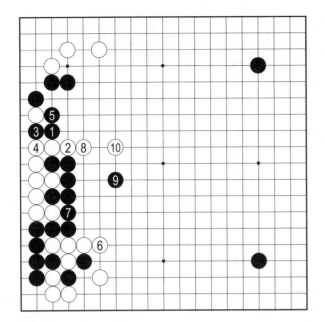

40.7 ◯59.3 | 目数差 1.2

图11 黑棋的解决方案1

难易度 ★★★★☆

黑1夹碰使白棋无法简单做活是要点。双方竞相向中腹出头，这是两分的战斗。

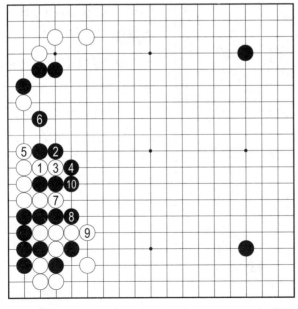

17.0 ◯83.0 | 目数差 7.1

图12 黑棋无理

难易度 ★★★★★

黑2长是AI的候补手法，但白5直接拐是好手。之后的计算，AI也发生了失误，至白10黑棋的评价值大幅度下降。

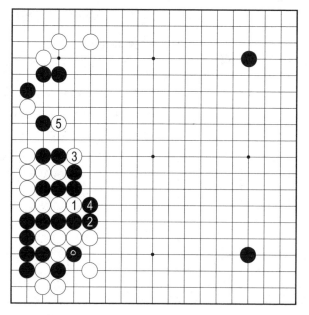

图13 白棋有利

难易度 ★ ★ ★ ★ ★

白1冲后白3切断，黑棋由于征子关系所以无可奈何。我也和棋友试着摆了一下，结果下到前图白5时相当为难。所以不能只依赖AI，自己也要好好思考（苦笑）。

16.0　84.0　目数差 6.9

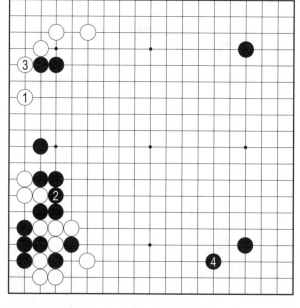

图14 黑棋的解决方案2

难易度 ★ ★ ☆ ☆ ☆

对于白1，黑2的防守非常简明。

虽然让白3渡回，但黑2也有一手棋的价值，是两分的进行。

53.9　46.1　目数差 0.6

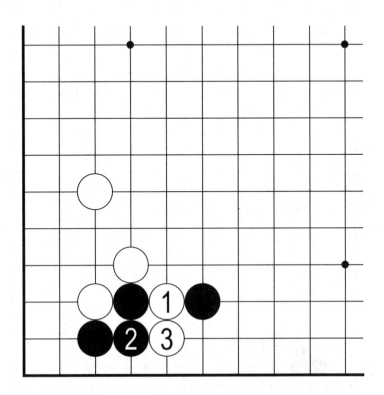

托扳定式·主题图2

也有白3冲下邀战的下法。

这一手以前也经常使用，推荐给喜欢战斗的读者。

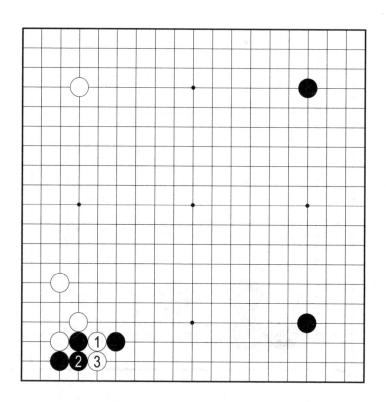

研究图

这回同样用二连星布局来分析。

虽然好像很激烈，但出现的棋形和变化却意外地少。

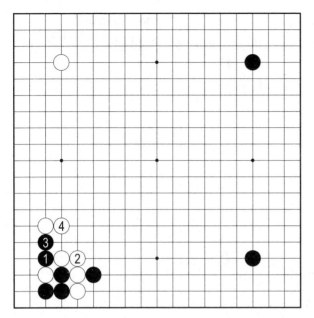

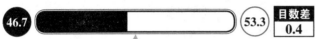

图1 简明变化

难易度 ★☆☆☆☆

黑1在角上断打是稳妥的变化。

黑棋取实利，白棋取厚势，这是两分的进行。

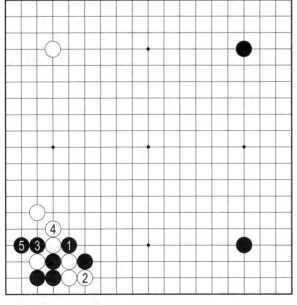

图2 战斗的定式

难易度 ★★★☆☆

黑1先断一手后，黑3在角上做活的下法也很常见。

目的是在对方的厚势上做文章。

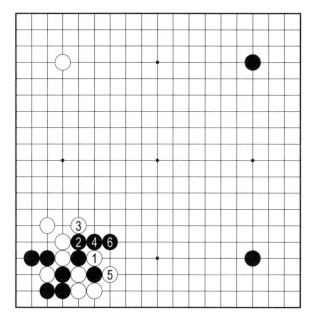

55.8 　44.2　目数差 0.9

图3　白棋筋恶

难易度 ★★☆☆☆

白1打算双叫吃，但黑2开始逃。黑4拐出时白5只得提，白棋还得处理。白1适得其反。

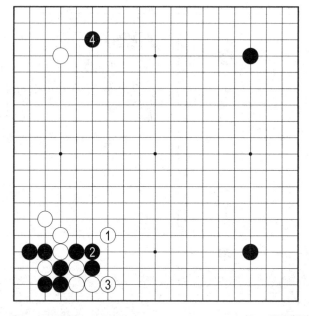

58.0 　42.0　目数差 1.1

图4　弃子两分

难易度 ★★☆☆☆

白1枷吃是稍好的下法。

黑4不慌不忙地转到大场的下法并不坏。左下的黑三子不用逃，而可以作为先手利用。

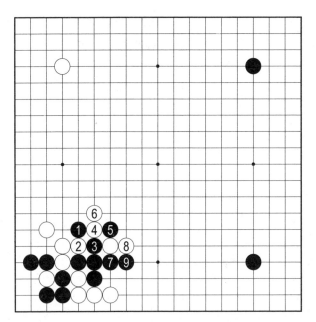

10.9　　　　　　　　　　　　　　89.1　目数差 15.1

图5　黑棋逃出作战1

难易度 ★★☆☆☆

黑1跳是逃出的一种手筋，但是如此下的话黑棋会陷入死路。

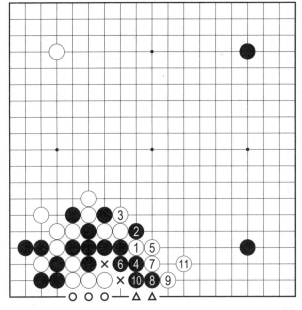

8.0　　　　　　　　　　　　　　92.0　目数差 17.5

图6　黑棋崩溃

难易度 ★★☆☆☆

黑棋虽然继续闷头逃跑，但是至白11时被封住。确认一下双方的气数，黑棋有△和×处共4口气；白棋有○和×处共5口气。所以对杀白棋获胜。

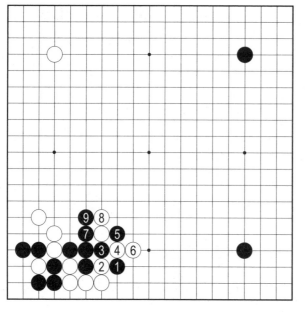

图7　黑棋逃出作战2

难易度 ★ ★ ★ ☆ ☆

黑1开始逃出会如何？

至黑9因为是向中腹方向逃出，比起图5而言好像更有未来，但是……

目数差
5.8

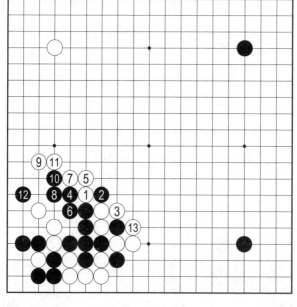

图8　白棋有利

难易度 ★ ★ ★ ☆ ☆

白1开始的追击很严厉。黑2开始的下法虽然可以逃脱，但是让白棋构筑了厚势，形势上是白棋有利。按照图5～8的分析，可以明白黑棋最好不要逃跑。

目数差
4.0

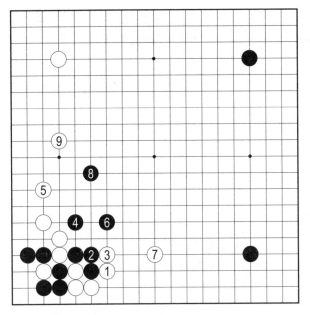

图9 两分

难易度 ★★☆☆☆

在白1这边打吃是好手。

黑2开始拼命向中腹逃出，也算是两分的变化。

51.8 ▮▮▮▮▮▯▯▯ 48.2 目数差 0.2

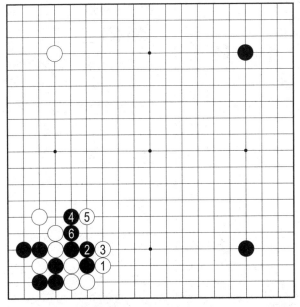

图10 白棋过分

难易度 ★☆☆☆☆

对于黑4，白5虽然是急所，但在这个局面中却并不好。黑6接，同时撞紧了白气，左边的白棋很难行动。

60.4 ▮▮▮▮▮▮▯▯ 39.6 目数差 1.5

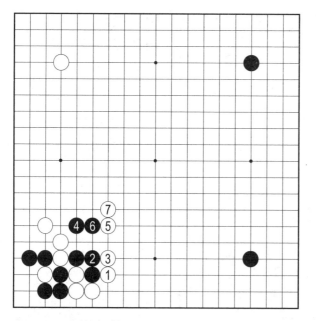

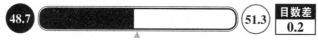

48.7　51.3　目数差 0.2

图11　重视下边的定式

难易度 ★ ★ ★ ☆ ☆

对于黑4，也有白5开始强硬扩张下边的下法。

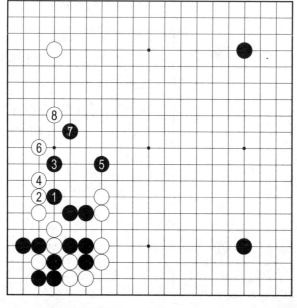

45.1　54.9　目数差 0.7

图12　两分

难易度 ★ ★ ★ ☆ ☆

黑1开始一边压制白棋一边向中央脱出。

在广阔的中央出头后，黑棋也不会受攻，这是两分的进行。

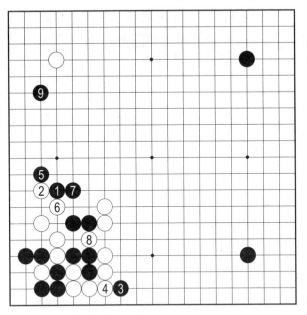

图13 弃子作战

难易度 ★ ★ ★ ☆ ☆

黑1也有更向前一步小飞压的下法。

黑3先觑一手后弃子，然后采取先行抢占大场的快速下法，也是两分的进行。

53.3　46.7 目数差 0.4

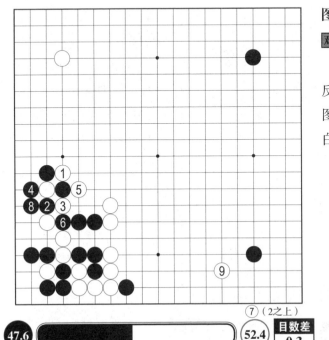

图14 两分的转换

难易度 ★ ★ ★ ☆ ☆

白棋也有不吃黑子，反过来弃子的下法，如前图白6在本图1位扭断。至白9是重视下边时的下法。

⑦（2之上）

47.6　52.4 目数差 0.3

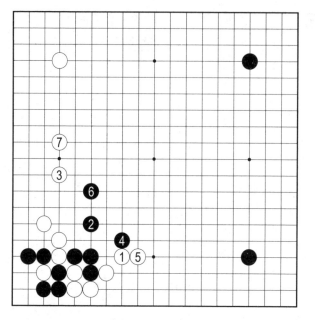

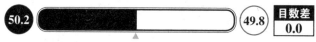

图15 两分

难易度 ★ ★ ☆ ☆ ☆

也有白1稍微和缓一些的下法。

这个局面黑2成为急所，黑棋向中腹出头。

50.2 ⬤ ▮▮▮▮▮▮▮▮ ⭕ 49.8　目数差 0.0

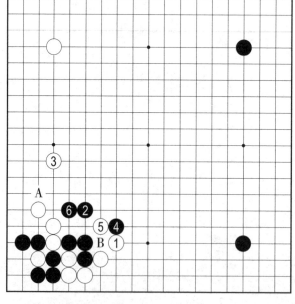

图16 白棋无理

难易度 ★ ☆ ☆ ☆ ☆

对于黑4，白棋很想白5扳，但是黑6双后，A位的靠下和B位的挤断见合，白棋相当为难。所以白5不能成立。

63.8 ⬤ ▮▮▮▮▮▮▮▮ ⭕ 36.2　目数差 2.0

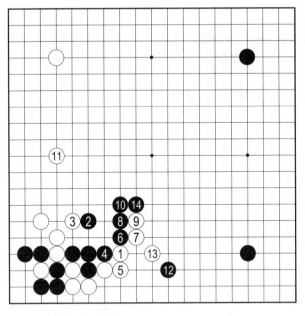

53.9 46.1 | 目数差 0.5

图17 两分

难易度 ★ ★ ★ ☆ ☆

对于黑2，白3尖顶是急所。黑棋也可以下黑4挤开始整形，这样才不会陷入困境。

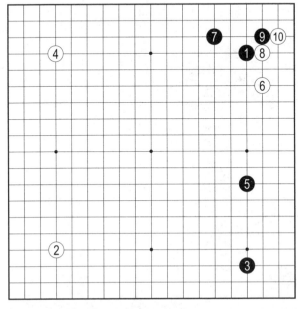

81.7 18.3 | 目数差 5.6

参考棋谱 *定先 不贴目

井山杯东大阪市新春围棋节

纪念对局 对局日：2019年1月6日

黑棋：仲邑堇初段

白棋：井山裕太棋圣

第1谱（1～10）

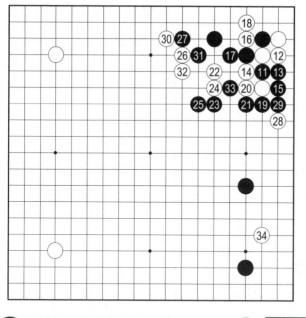

第2谱（11~34）

这是高中国流向下移一路的变形布局。

由于右下有力，所以选择了黑23、25扩张阵势的定式。

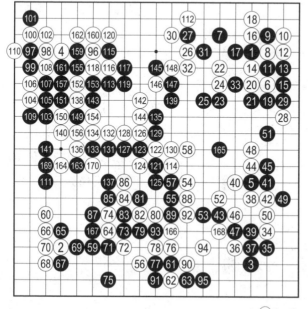

总谱

170手为止，和棋（节日对局的缘故）。

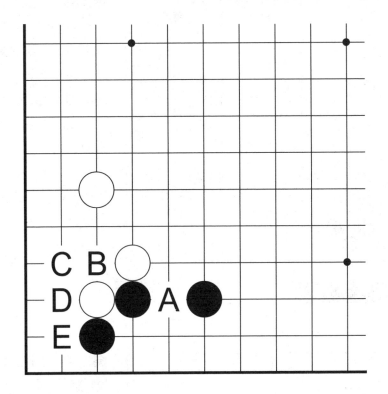

托扳定式·主题图3

目前为止介绍了白A打吃的变化，但是白棋也有很多其他
应手。我们来看一下B～E的应法。

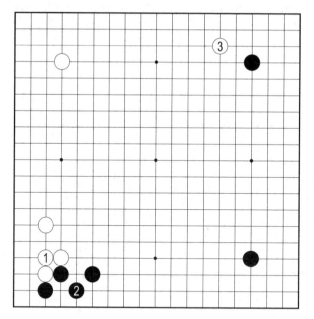

图1 B 简明策

难易度 ★☆☆☆☆

　　白1坚实粘住的手法变化较少，也简明易懂。

　　由于是两分的变化，所以推荐给不喜欢复杂变化、想要快速转向大场的爱好者。

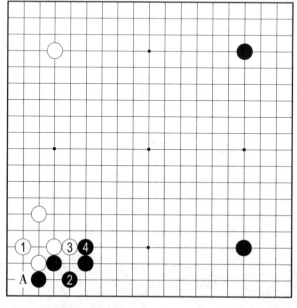

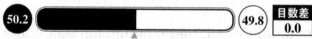

图2 C 重视防御

难易度 ★☆☆☆☆

　　白1倒虎是眼形较为丰富、不容易被黑棋攻击的下法。至黑4，定式告一段落后，左下角的白棋在A位扳立即就能获得眼位，所以即使被黑棋在左边夹击也很容易做活。

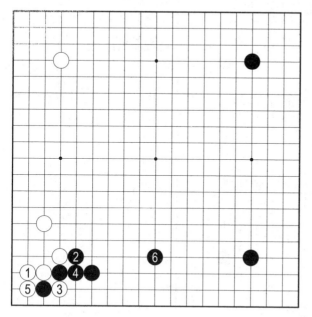

50.4   **49.6** | 目数差 0.0

图3 D 重视实利

难易度 ★★☆☆☆

白1立下的下法比较重视实利。

黑2这一手好像是成为丁四的愚形，但这是打算向中腹发展的下法。白棋的白1下在二路，所以对中腹没有影响，这是两分的进行。

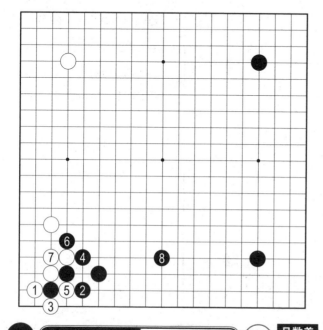

50.4   **49.6** | 目数差 0.1

图4 E 重视实利

难易度 ★★☆☆☆

白1的下法和前图也非常相似。

现在虽然黑6可以打吃，但是由于留着打劫所以棋形很薄。这也是两分的进行。

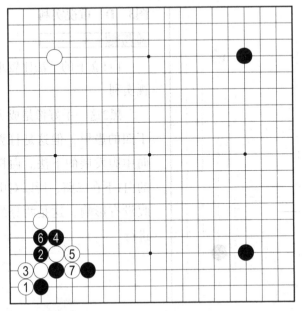

29.5 70.5

目数差
3.3

图5 黑棋无理

难易度 ★ ★ ☆ ☆ ☆

对于白1，黑2断打反击并不好。至白7，黑棋下边被吃，损失相当大。

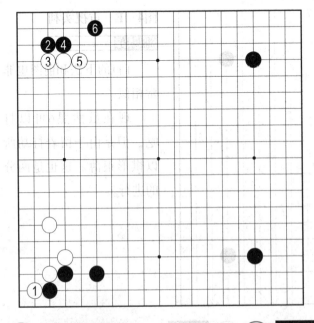

51.6 48.4

目数差
0.2

图6 变化作战 两分

难易度 ★ ★ ★ ☆ ☆

稍微做点变化，也有对于白1黑棋断然脱先的下法。

这是让对方大吃一惊的变化。

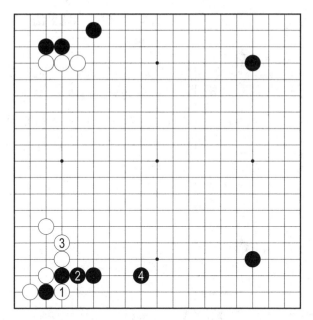

图7　两分

难易度 ★★☆☆☆

　　由于对方脱先，白1的双叫吃也是令人瞩目的下法。

　　黑2接时，白3有必要并，所以黑4拆后受伤并不大。这是两分的进行。

53.6 **46.4** 目数差 **0.4**

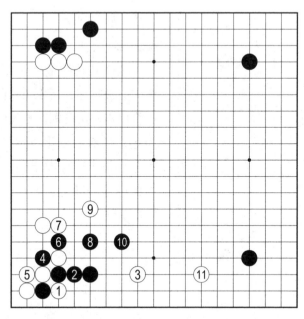

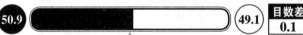

图8　战斗的变化

难易度 ★★★☆☆

　　也可以考虑省略前图白3而改为本图积极地夹攻。黑4断打后黑6吃住一子也很大，所以也是两分的进行。

50.9 **49.1** 目数差 **0.1**

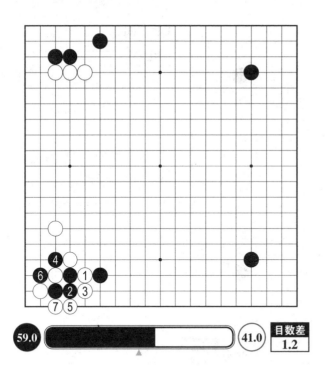

图9　白棋的强硬手法

难易度 ★★★☆☆

白1开始准备大吃黑棋的下法也可以成立。

黑4看上去虽然很严厉，但白5、7包打是好手。

59.0　41.0　目数差 1.2

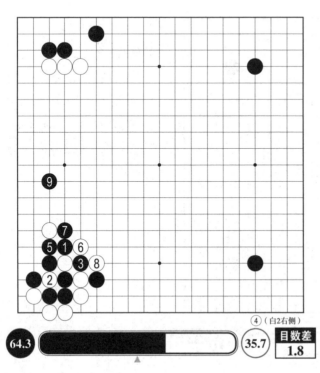

图10　局部两分

难易度 ★★★☆☆

黑棋若是接上三子则整体会被吃掉，所以黑1弃子将白棋左边分断。至黑9为止，局部的变化虽然是两分，但由于和左上角的白棋厚势相冲突，所以评价值下降。

④（白2右侧）

64.3　35.7　目数差 1.8

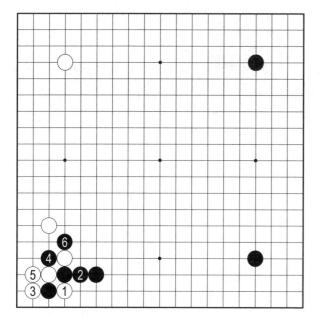

图11　基本上手筋不好

白1立即切断的下法并不好。吃掉黑棋二路一子的代价是被黑棋吃掉四路的一子。位置比较高的子被吃相对不利。但是，由于评价结果是两分，所以也可以作为定式来使用。

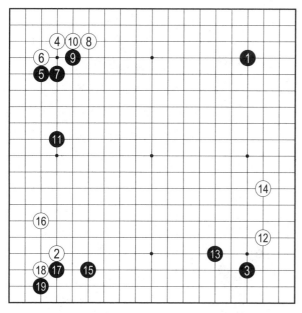

参考棋谱　*按中国贴7目半的规则评价

　　第22届中国围棋甲级联赛

　　对局日：2020年12月9日

　　黑棋：芝野虎丸王座

　　白棋：党毅飞九段

第1谱（1～19）

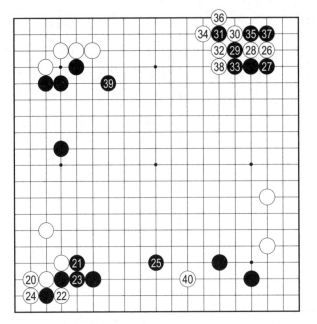

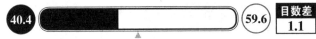

第2谱（20～40）

白20要如何应？实战是以重视根据地的方式进行的。白26可以转到其他大场，这是实战时白20的优点。

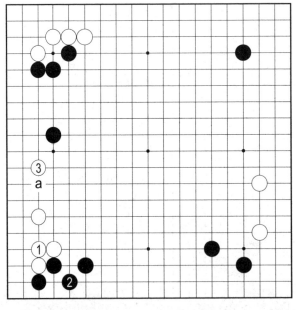

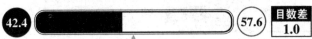

参考图1

若白1坚实地粘上，黑2是一般分寸。

此形若被黑a夹，白棋会担心做活问题，所以白3拆成为相当大的一手。

参考图2

若白1倒虎，白棋的眼形很丰富。

由于棋形很厚，所以白5可以转到大场。

这也是两分的变化。

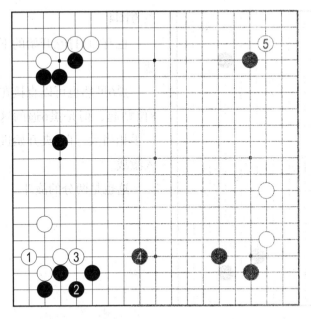

43.9 〔黑优〕 56.1 ｜目数差 0.8

参考图3

白1扳也是在角上占据根据地的坚实做活手法。下边黑4拆是非常大的一手，所以黑2可以顽强应对，这是两分的变化。

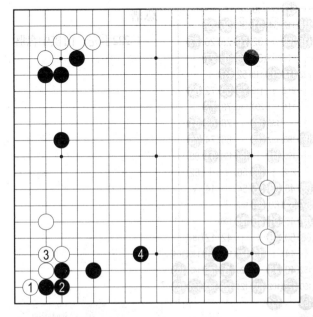

45.8 54.2 ｜目数差 0.7

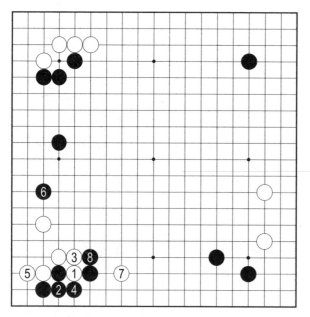

46.3　53.7　目数差 0.6

参考图4

也有白1打吃开始的下法。

黑6虽然也可以直接在8位贴起，但是黑6逼的这一手相当大。白7夹开始进入激战。

这也是两分的战斗。

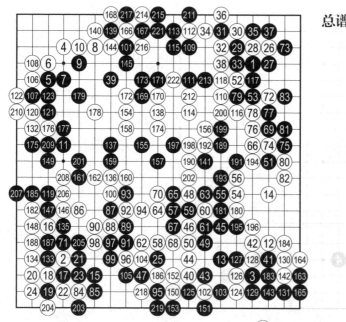

总谱

222手完，白棋中盘胜。

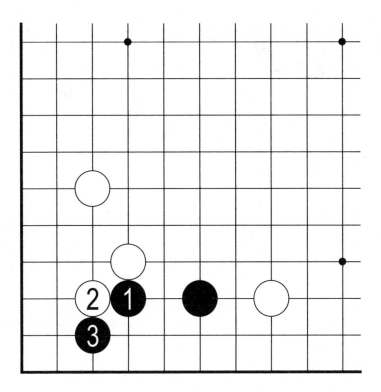

托扳定式·主题图4

　　白棋开始夹的局面，黑1、3是腾挪的手法。这是AI出现以前就有的腾挪手法。

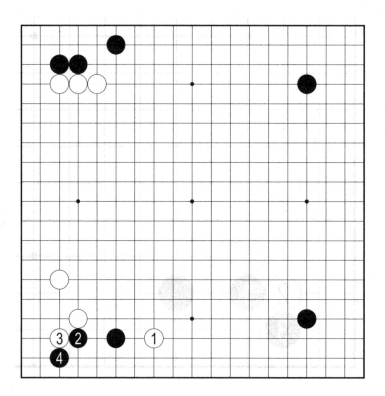

研究图

　　最近由于挂星位的情况在增加，所以本图的棋形也经常出现。

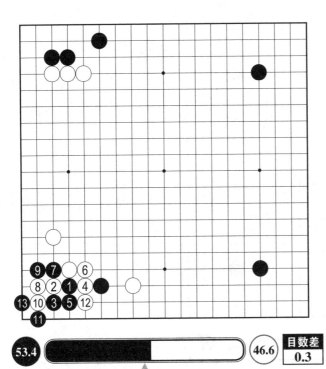

53.4　46.6　**目数差** 0.3

图1　腾挪的定式

难易度 ★☆☆☆☆

对于白6，黑7吃角腾挪的下法是代表性的定式。

这是双方都没有不满的进行。

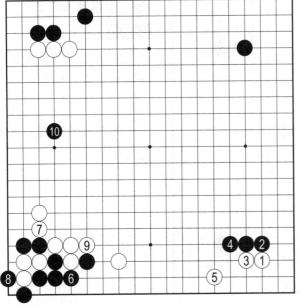

59.6　40.4　**目数差** 1.2

图2　黑棋稍微有利

难易度 ★☆☆☆☆

前图白12不下，而是下本图白7开始的先手利，那么本图黑6的渡过被认为很大，所以还是推荐前图的下法。

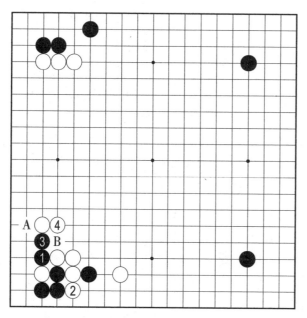

53.0   47.0   **目数差** 0.4

图3 两分

难易度 ★☆☆☆☆

白棋也有不在角上做交换而直接白2冲下的下法。

白棋虽然是后手，但今后A位和B位都是先手，所以和图1相比，白棋的外势更厚。

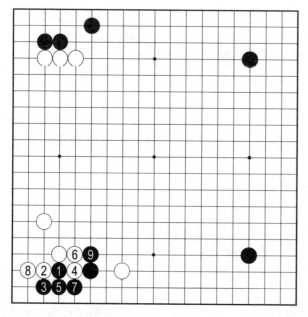

49.1   50.9   **目数差** 0.1

图4 黑棋逃出的变化

难易度 ★★★☆☆

黑7坦坦荡荡地渡过则会成为黑棋在中央腾挪的局面。

现在的黑棋连一只眼也没有。

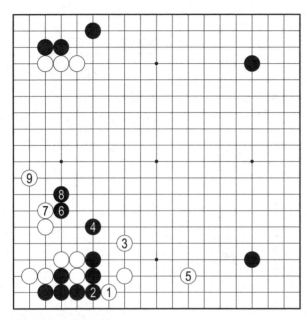

图5 两分

难易度 ★ ★ ★ ☆ ☆

白1是眼形的急所，白棋不能放过这一手觑。黑6和p.88图5的黑1一样，是棋形的急所。

白棋在左边和下边展开，黑棋也可以在中腹展开，且这块黑棋不会死，所以是两分的进行。

47.7 ⬛⬜⬜⬜⬜ 52.3 **目数差 0.3**

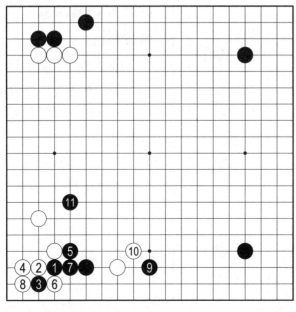

图6 两分

难易度 ★ ★ ★ ☆ ☆

白4立下是针对黑棋根据地的严厉的作战。黑棋眼位被夺的交换是黑9夹击白棋，所以接下来是更加激烈的战斗。

50.9 ⬛⬜⬜⬜⬜ 49.1 **目数差 0.1**

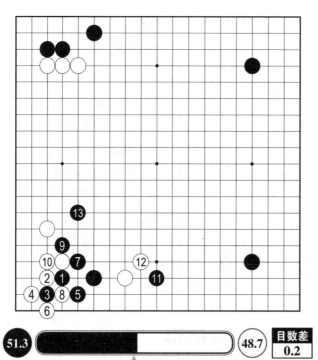

51.3 48.7 目数差 0.2

图7 两分

难易度 ★★★☆☆

白4连扳同样也是夺取黑棋根据地的手段。这是和前图类似的进行。

这也是两分的战斗。

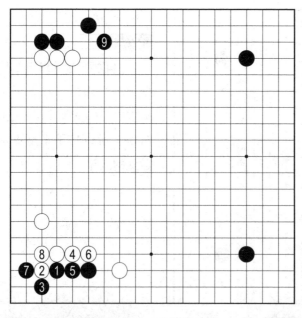

52.1 47.9 目数差 0.3

图8 简明的新定式

难易度 ★☆☆☆☆

白4不慌不忙地单长是AI提出的新手。白棋虽然是后手，但取得的厚势没有缺陷。

因为其简明而且厚实可下，所以是值得推荐的定式之一。

记录员

　　我在修行时担任过职业比赛的记录员。头衔战的记录员要由职业的老师们担任，其他比赛，除了职业老师以外也可以由立志成为职业棋手的院生或者外来人员担任。从早上10点开始的对局，如果保留时间是3小时，一般在17—18点结束；如果保留时间是5小时，则会在22—24点结束。记录员必须要有相当好的体力和精神力。

　　那么，记录员有几个注意事项，这里介绍有代表性的两个。

　　第一个是不能离开座位。记录员会管理对局的保留时间并且负责读秒。如果有两个人还能应对，但是大多数对局只有一个人记录。在去洗手间等无可奈何的情况下可以请观战记者们帮助，但是读秒可能会发生事故，所以需要注意。

　　第二个就是对抗睡魔。这样写可能会被骂，但是持续坐着观看比赛，无论如何都有睡意袭来的时候，特别是午饭休息后的那一段时间非常危险。如果不小心，时间管理上就会发生事故，所以要因人而异地采取各种对策。我会用饮料、糖果之类的东西来应对。

　　虽然担负着重大责任，但是记录员可以在近处观看职业老师们的比赛，在能够切身感受的距离内进行学习，这是非常宝贵的经验。另外，记录员也可以观摩对局后的复盘，因为平易近人的老师很多，即使提出意见和问题也会被体谅。因为记录员能学到很多东西，所以请打算成为职业棋手的孩子们不断地去体验吧！

第三章　双挂定式

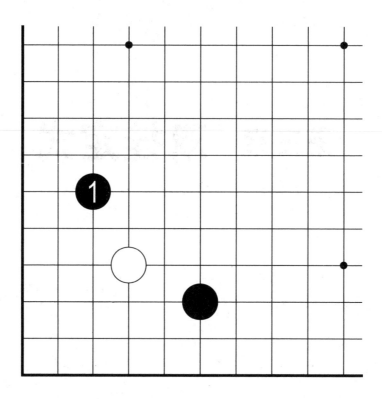

双挂定式·主题图1

　　最近，星位被挂角时脱先的情况大幅度增加。以前认为双挂非常大，但随着AI的出现，其价值观也发生了变化。由于这是最近频繁出现的定式，所以一定要记住。

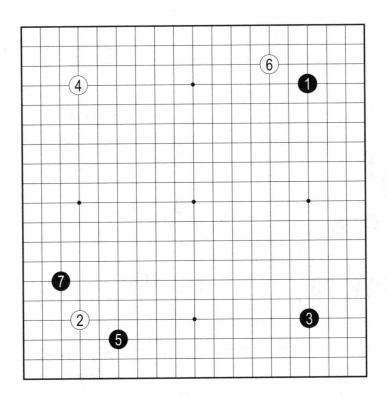

研究图1

　　对于黑5的挂角，白6反挂的这一手最近非常流行。这是与征子也有很大关系的一手。

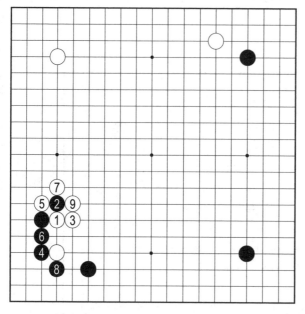

图1 新定式

难易度 ★☆☆☆☆

现在几乎都是白1开始的压长定式。此时，黑4托的下法相当多，但是由于白7的征子有利，所以白棋有白5断的下法。右上白棋的挂角正好是引征。

45.6 54.4 目数差 0.4

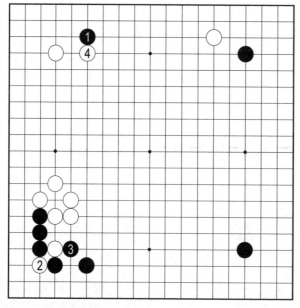

图2 有味道的手筋

难易度 ★★☆☆☆

黑棋角上的实空看起来很漂亮，但是白2开始的切断是有味道的一手。

左上白4从上面靠压也是和左下角相配合的好手。

46.5 53.5 目数差 0.4

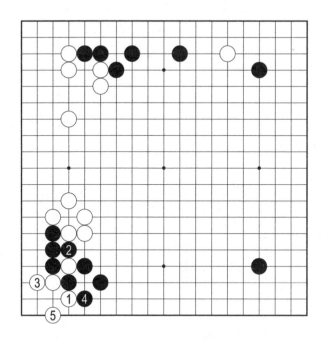

图3　白损的定形

难易度 ★★☆☆☆

　　白1打吃开始做活的手法看上去令人瞩目，但是活做得太小故所得不多。用其他的定形方法能够获利更大。

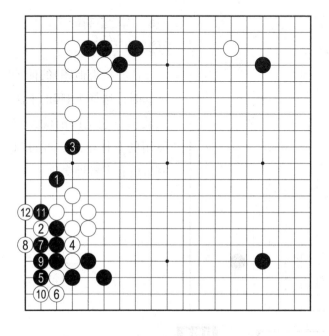

图4　白棋的定形方法

难易度 ★★☆☆☆

　　黑棋在左边破空时，普通下法是在黑1点入。

　　此时白2扳可以针对角部获利是图2留下的味道。黑3若脱先，至白12为止黑棋角上出棋了。

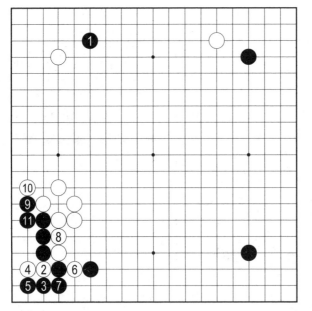

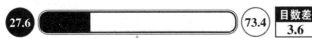

27.6   73.4 | 目数差 3.6

图5　白棋有利

难易度 ★ ★ ☆ ☆ ☆

若黑3采用其他的应法会如何？虽然角上大致可以安全，但是会被白6、8的先手突破下边。此局面黑棋不好。

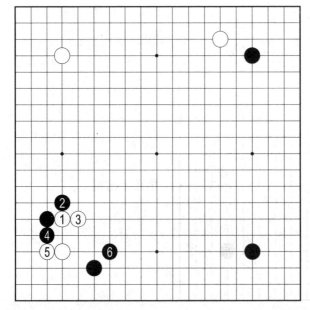

47.2   52.8 | 目数差 0.4

图6　以前就有的定式

难易度 ★ ★ ★ ☆ ☆

黑棋在类似图1的征子不利时，选择黑4爬的下法比较多。这是以前就经常使用的双挂定式，经过研究后也有了各种变化。

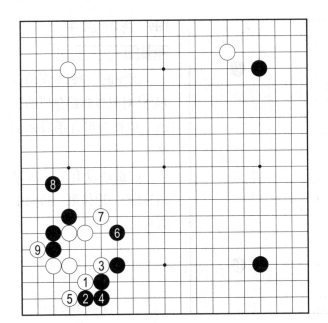

图7 旧定式

难易度 ★☆☆☆☆

白1尖顶，防止黑棋的冲断是定式。至白9是以前经常使用的定式。

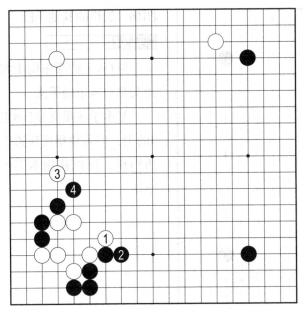

图8 新定式

难易度 ★★★★☆

AI更喜欢采用白1扳后白3夹这种激烈进攻的手法。白3的位置是攻击黑棋的急所。

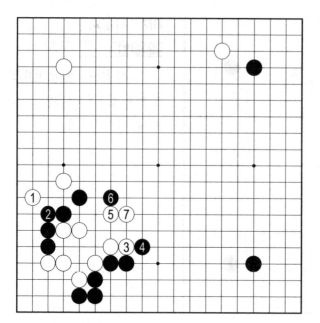

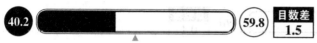

40.2 · 59.8 目数差 1.5

图9　两分的战斗

难易度 ★★★★☆

前图的白3和本图的白1是针对黑棋棋形急所的手法。请作为组合手段来记忆。

白棋还没有活，所以白3开始一边做眼一边向中腹逃出。

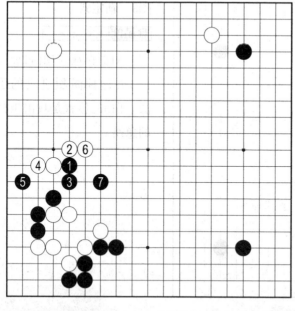

44.1 · 55.9 目数差 0.9

图10　黑棋的其他手段

难易度 ★★★★☆

黑1从上边靠来向中腹出头是AI展示的手法。

基本手法虽然是图8黑4的尖，但若要稍微压迫下边白棋，可以使用本图的下法。

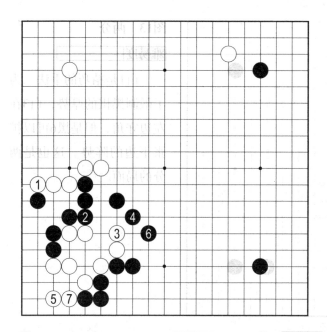

图11　两分的战斗

难易度 ★ ★ ★ ★ ☆

白1扩张左上阵势之后，再将角上的白棋做活。现在的焦点是下边黑棋模样和左上白棋模样的对比。这是两分的战斗。

46.6　　　　53.4　| 目数差 | 0.4 |

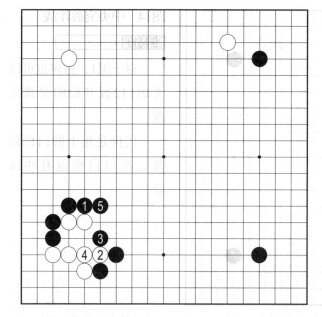

图12　新定式

难易度 ★ ★ ★ ☆ ☆

也有黑1贴起巩固外围的下法。

白棋可以稳稳地在角上做活，所以很安全。

48.6　　　　51.4　| 目数差 | 0.2 |

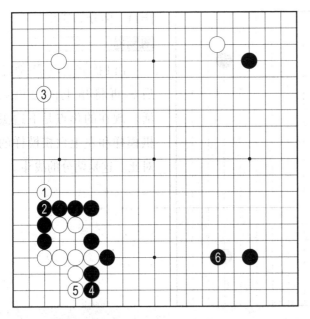

47.4 ▮▮▮▮▮▮▮ 52.6 目数差 0.3

图13 两分

难易度 ★★★☆☆

白1是精巧的手法。为了限制黑棋的厚势，白3在左边守角，但是黑6可以扩张下边的阵势。这也是两分的局面。

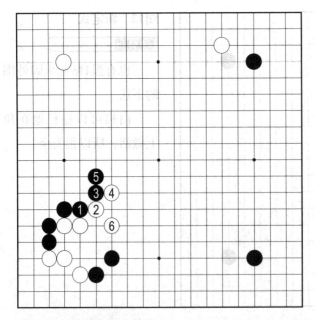

46.8 ▮▮▮▮▮▮▮ 53.2 目数差 0.4

图14 中央突破作战

难易度 ★★★☆☆

对于黑1，白棋也可以考虑白2扳开始的突破作战。

代价是角上的白棋稍薄，所以白棋也有些风险。

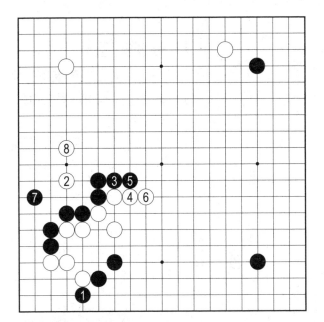

46.3 ──── 54.7　目数差 0.6

图15　两分

难易度 ★★★☆☆

被黑1扳后，角上较难应对。

白2开始突击黑棋的急所，是反击手法的一例。这是复杂的变化。

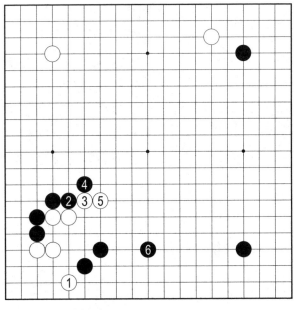

47.1 ──── 52.9　目数差 0.4

图16　新定式

难易度 ★★★☆☆

白1飞下也是AI出现后才开始的下法。这是相对重视角部的下法。但是这种手法并不能完全守住黑棋的冲断，所以是稍薄的下法。

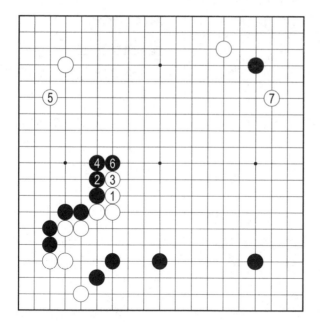

图17　两分

难易度 ★ ★ ★ ☆ ☆

白棋在中腹连下几手后更容易脱出，然后白5、7快速展开。

但是白棋的连接变薄，所以后面的战斗需要注意。

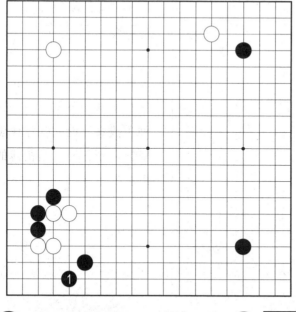

图18　攻击的定式

难易度 ★ ★ ★ ★ ☆

黑1尖，夺取白棋根据地也是严厉的下法。

但是这手尖在二路，所以获取实地的效率并不高，推荐给喜欢攻击的读者。

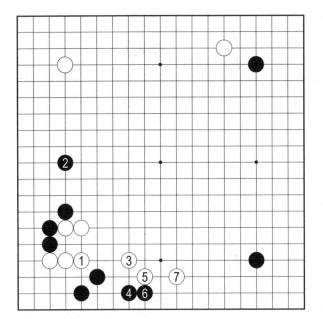

图19 重视左边

难易度 ★★★★☆

白1双是瞄着下边和左边的黑棋、同时补强自身缺陷的好手。

黑2若在左边防守，白3开始压迫下边的黑棋。

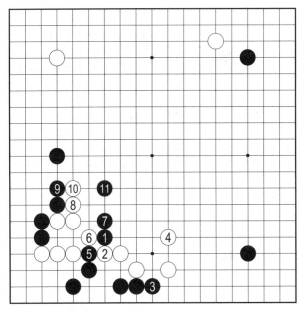

图20 两分

难易度 ★★★★☆

下边的黑棋已经是活形，所以黑1、5、7开始分断白棋，在中央形成战斗。

虽然是复杂的变化，但双方也是两分。

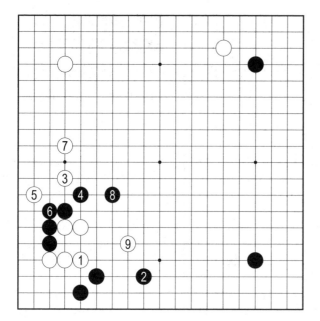

图21　重视下边

难易度 ★★★★☆

黑棋若下黑2防守下边，白3、5是针对黑棋棋形的急所，破坏黑棋的眼形。

白9也开始向中腹出头治孤。这也是两分的战斗。

39.2　60.8　目数差 1.6

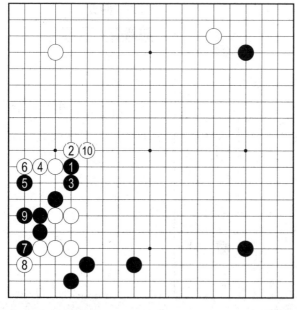

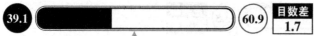

图22　其他手段

难易度 ★★★★☆

若像图10那样采用黑1靠来脱出的手法，结果会如何？

对于白6，黑7开始的防守虽然也是做了准备的手法，但是……

39.1　60.9　目数差 1.7

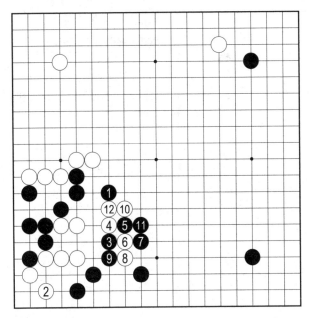

30.6 ▨▨▨ 69.4 　目数差 3.3

图23　白棋有利

难易度 ★★★★☆

黑棋虽然想要封锁白棋，但是棋形还是有些薄，无法完美地封住白棋。

这是白棋没有不满的变化。所以不推荐前图黑1的下法。

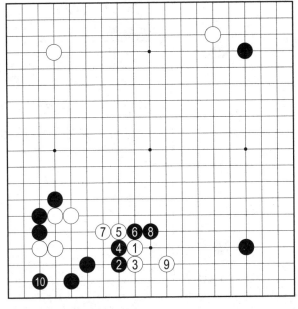

44.9 ▨▨▨ 55.1 　目数差 0.7

图24　两分

难易度 ★★★☆☆

白1夹，立即对黑棋动手开始战斗的下法也很严厉。黑2开始，一边扩大自身眼位一边分断白棋进行战斗，这是两分的变化。

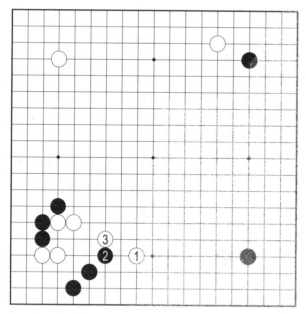

图25　白棋的奇招！

★★★★☆

对于白1，黑2尖一边出头一边瞄着分断白棋是好手筋。

然而，白棋有白3这一令人惊奇的招法。

43.9　**56.1**　目数差 **0.9**

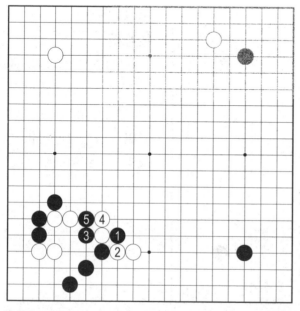

图26　当然的扳出

★★★★☆

被当头一靠，遭受突变的黑棋打算裂开白棋而采用黑1扳。现在的白棋看起来好像完全不行，但是……

39.3　**60.7**　目数差 **1.8**

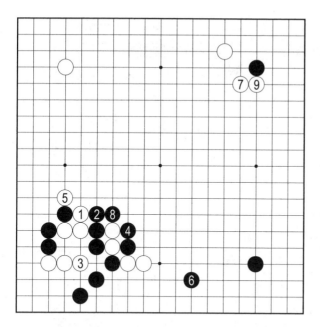

34.7　65.3　目数差 2.5

图27　白棋稍稍有利

难易度 ★★★★☆

　　白棋从白1开始拐出，白3双的这一手恰好可以针对黑棋觑。至黑6，看起来好像双方已经做了转换，但白7开始引征的手法很严厉。这是白棋稍稍有利的展开。

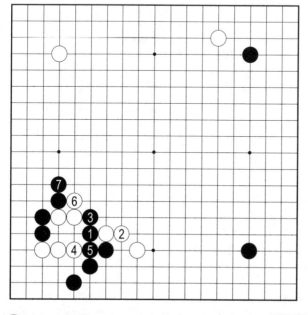

33.3　66.7　目数差 2.8

图28　扳出之2

难易度 ★★★★☆

　　黑1扳在另一边分断白棋会如何？这应该也是恶筋，白2退后白4成为先手。

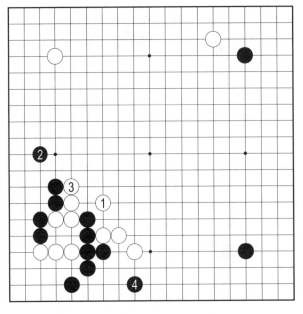

图29　白棋稍稍有利

难易度 ★ ★ ★ ★ ☆

由于白3的压是先手，所以白1可以潇洒地枷，封锁黑棋。虽然白棋看起来好像是裂形，但却在不知不觉中将黑棋包围了起来。

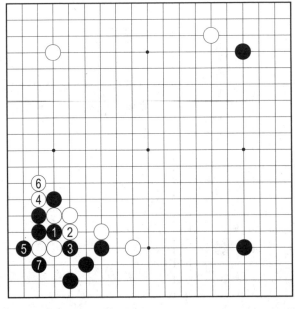

图30　两分

难易度 ★ ★ ★ ★ ★

黑1冲开始动手会如何？对于黑3断，白棋不做拼死战斗，而是采取白4断，目的是获取外势。虽然是两分，但是在这之后白棋的下法很复杂，需要一定的练习。

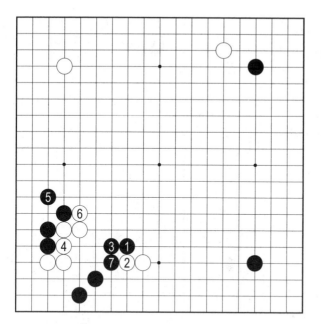

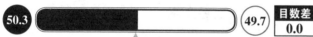

图31　两分

难易度 ★★★★☆

　　黑1象步跳出的手法也是棋形之一。白4、黑5先手交换后，双方各自向中腹出头。

50.3　49.7　目数差 0.0

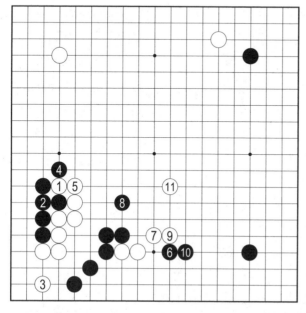

图32　两分的战斗

难易度 ★★★★☆

　　白1先打吃一手，白3跳在双方根据地的要点。

　　黑6开始反击，双方进入战斗。

50.4　49.6　目数差 0.1

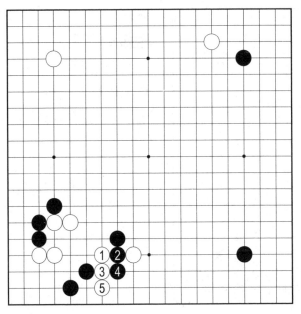

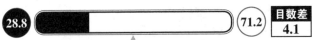

28.8　71.2　**目数差** 4.1

图33　白棋的有力手法

难易度 ★★★★☆

由于象步跳的间隙较大，所以白棋也想用白1突击。

黑棋由于无法连络，所以黑2开始向下冲，将白棋割裂。

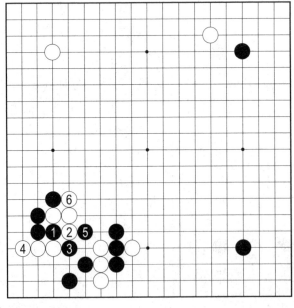

28.1　71.9　**目数差** 3.8

图34　全力作战

难易度 ★★★★☆

若角上黑棋就这样被吃则损失太大，所以黑1开始冲断，全力作战。

黑5相当强硬，而白棋也是从白6开始强硬应对。

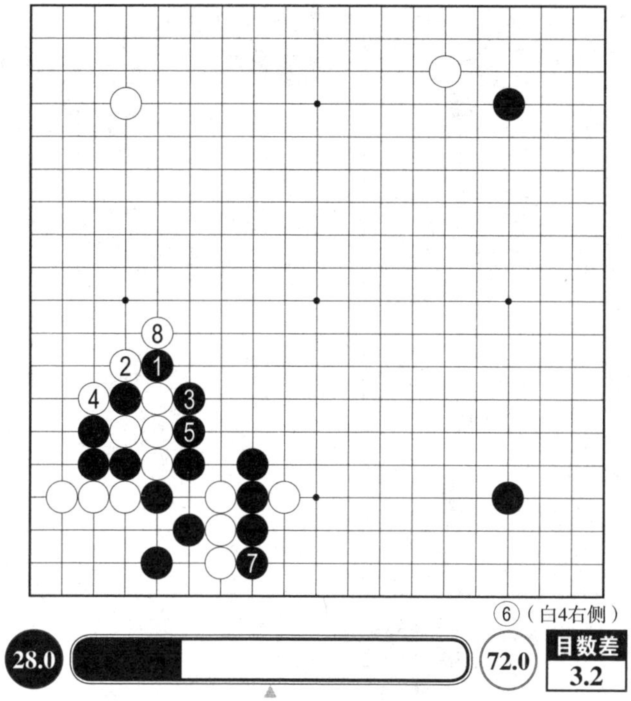
⑥（白4右侧）
28.0
72.0
目数差
3.2

图35　白棋有利

难易度 ★★★★☆

黑1是破坏对手棋形的手筋。

白棋虽然被滚打，但是至白8为止吃掉左边很大。这个转换白棋更好。

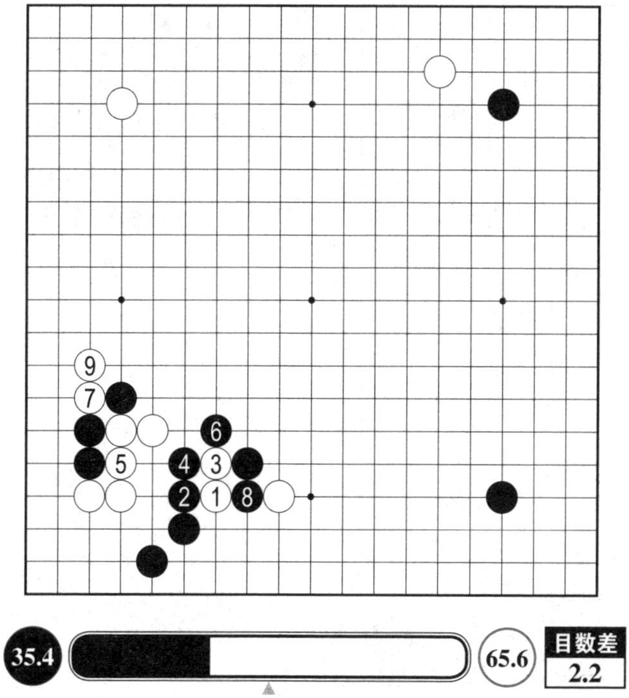
35.4
65.6
目数差
2.2

图36　白棋稍稍有利

难易度 ★★★★☆

黑2开始在另一边裂开白棋会如何?

对于白5，黑6反击后形成转换。但是，白棋更加有利。

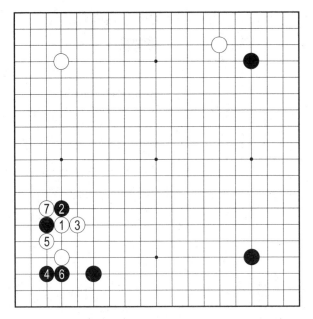

44.2　　　　　　　　　　　　　55.8　目数差 0.7

图37　简明定式

难易度 ★☆☆☆☆

黑4点三·3的手法是简明定式。

这虽然是旧定式，评价却是被双挂的白棋是厚形。

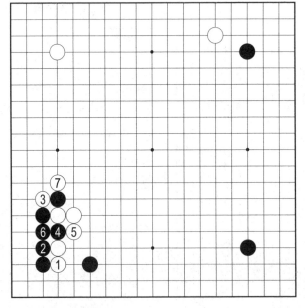

42.4　　　　　　　　　　　　　57.6　目数差 1.0

图38　新定式

难易度 ★★☆☆☆

像本图这样右上有白棋挂角的场合，也有白1挡一手之后白3切断的手法。

这是和图1类似的手筋。

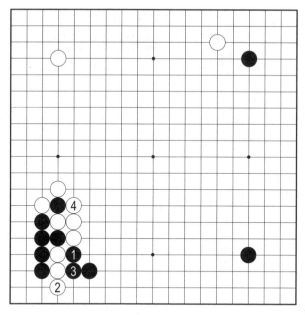

图39　留有余味

黑1开始，可以断开白二子并且吃下。

白棋也是从白4提掉一子后成为厚形，看起来好像是两分的局面，但是黑棋角上的味道很差。

35.0 **65.0**

目数差 **2.2**

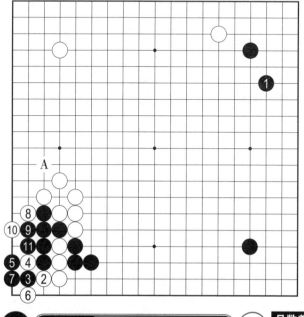

图40　白棋有利

黑棋从白2开始很被动。

白4是漂亮的手筋，白8开始的扳成为了先手，而黑棋的A位不再是先手。黑5若下11位，白下在7位之后，8位仍然是先手。

30.9 **69.1**

目数差 **2.7**

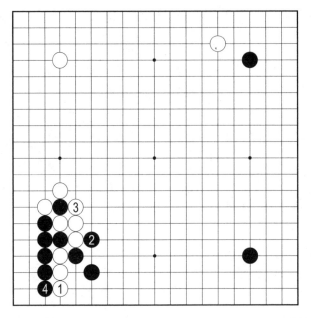

46.0 54.0 目数差 0.5

图41 两分

难易度 ★ ★ ☆ ☆ ☆

对于白1，黑2先手消去角上的余味，白3也是好手。这是双方两分的进行。

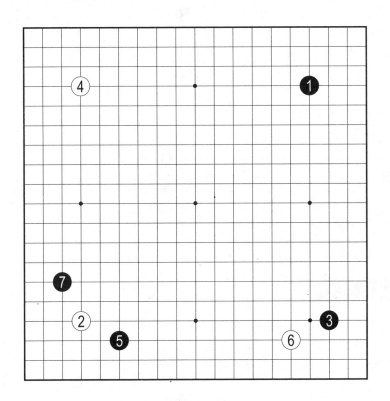

研究图2

　　最近，对于黑5的挂角，白棋不应而是采用白6小飞反挂的下法相当流行。对这个布局的研究也非常多。

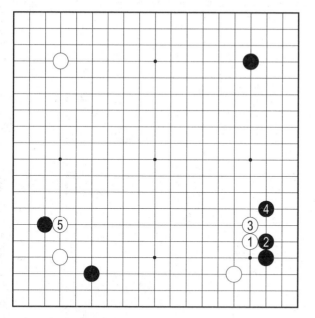

图1 AI布局

难易度 ★ ★ ★ ☆ ☆

AI非常喜欢从白1开始的飞压。右下的定式结束后，再开始左下的双挂定式。

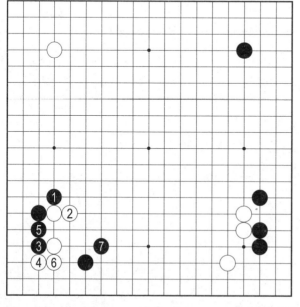

图2 新定式

难易度 ★ ★ ★ ☆ ☆

这次的局面，右上角的白棋没有挂角，征子对黑棋有利。所以对于黑3，采取白4扳。

黑7仍然是瞄着冲断白棋的手法。

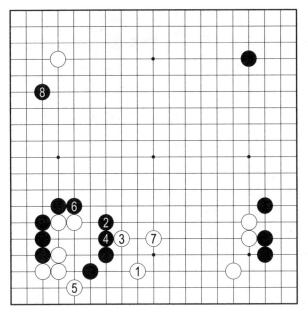

图3　两分

难易度 ★★★☆☆

白1在下边夹，这是和右下角定式相关的相当大的一手。黑2是一边瞄着切断白棋，一边向中腹逃出的手法。白棋看轻左下行棋，至黑8是两分的进行。

47.3　52.7　目数差 0.3

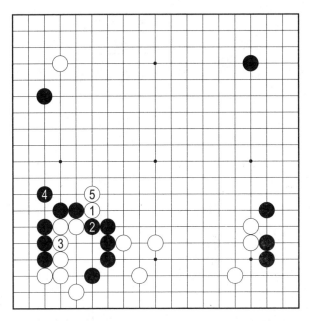

图4　今后的目标

难易度 ★★★★☆

白1的扳出将成为以后的目标。

由于前图白3、黑4的交换，黑2断这一手棋形并不好。今后这里会变成什么样十分令人关注。

43.5　56.5　目数差 0.9

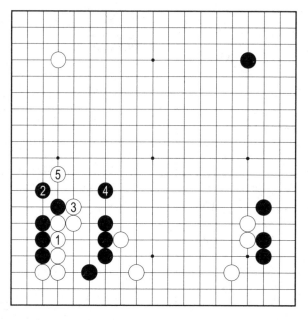

图5　战斗的变化

难易度 ★ ★ ★ ★ ☆

也有白1先手交换后，白3开始全面战斗的下法。推荐给喜欢战斗的读者。

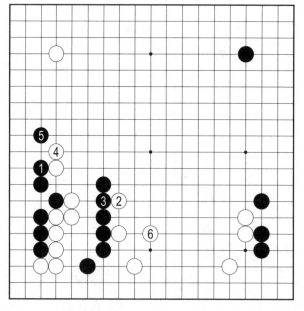

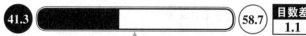

图6　两分

难易度 ★ ★ ★ ★ ☆

接下来双方将在中腹展开竞争。左下的白棋并没有活，所以黑棋也不是单方面受攻。

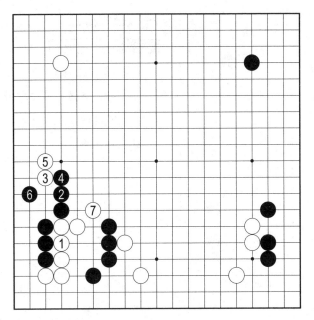

36.1　63.9　**目数差** 2.1

图7　白棋稍稍有利

难易度 ★★★☆☆

　　黑2是阻止白棋向中央推进所下的功夫。

　　但是作为代价，白3、5之后，黑棋必须回过来用黑6守。如此黑棋的代价相对较大，白棋稍稍有利。

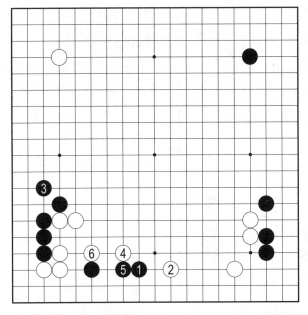

47.5　52.5　**目数差** 0.3

图8　重视下边

难易度 ★★★★☆

　　也有黑1稳妥地在下边拆的手法。

　　这种下法推荐给想要回避立刻战斗的读者。

　　白棋4、6的整形也是好手。

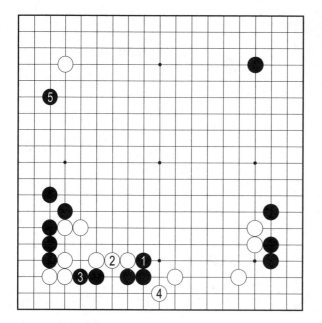

图9　黑棋治孤

难易度 ★★★★☆

　　黑棋不能被封锁，所以黑1开始突破。白2虽然接上，但此时黑3是针对对手弱点的好手。

46.1　53.9　目数差 0.5

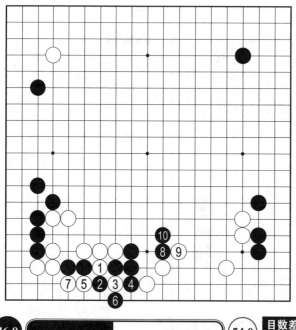

图10　两分

难易度 ★★★★☆

　　白棋因前图的白4尖被脱先了，而白1开始冲断，黑棋也并不会死，而是可以简单腾挪，所以也是两分的变化。

46.0　54.0　目数差 0.5

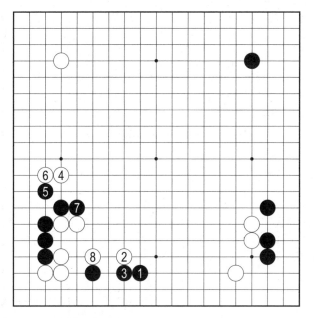

48.6 / 51.4 目数差 0.1

图11 白棋的其他方案

难易度 ★★★★☆

　　白棋只做白2的交换，然后白4开始追究左边黑棋的下法也可以考虑。黑7时白8恰到好处，这是白2事先准备好的结果。

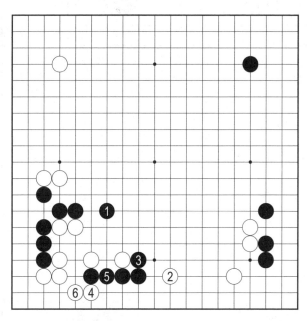

47.2 / 52.8 目数差 0.3

图12 两分

难易度 ★★★★☆

　　对于黑1跳，白棋也可以强硬地在下边逼，白4后角上的白棋可以做活。左边、右边和角上的白棋虽然看起来都很顽强，但是由于左边的白棋是没有实地的薄形，所以黑棋也可以期待今后的战斗。

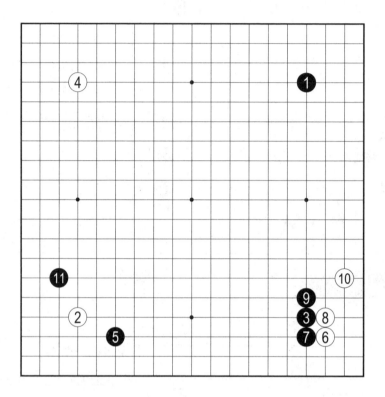

研究图3

　　接下来，右下角是"直接点三・3"定式的局面。

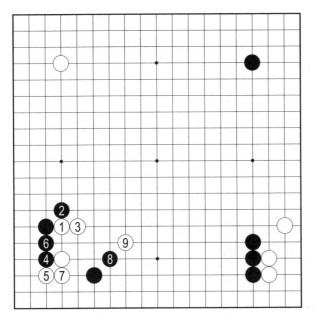

图1　白棋奇袭的一手

难易度 ★★★★☆

和研究图2的图2使用同样的定式时，这个局面需要注意下边黑棋的模样。要牵制此模样时，白9恰好是漂亮的尖冲。

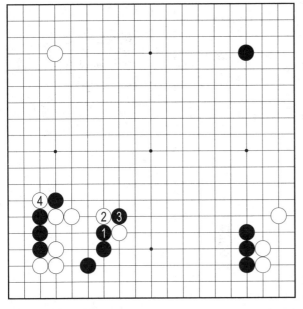

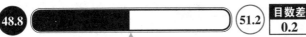

图2　冲断的对策

难易度 ★★★★☆

黑棋当然想下黑1开始的冲断，但是白棋也有对策，这就是白4的断。

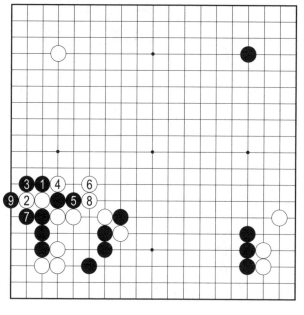

图3　白棋的整形

难易度 ★★★★☆

黑棋不得不以黑1打吃开始吃子，但是白棋可以用白4、6的手法定形。白8成为先手，前图黑3的作用被大幅削弱了。

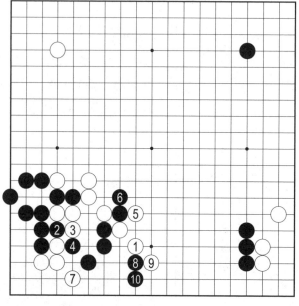

图4　复杂的变化

难易度 ★★★★★

白1强硬地尖，成为相当复杂的变化。

这是无论如何都很难解决的问题，推荐给研究专家和对自己的棋力有自信的读者。

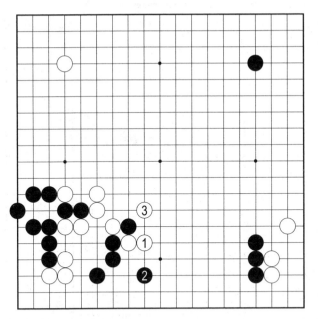

54.7　　45.3　　**目数差**
0.5

图5　避开复杂变化的方案

难易度 ★★★☆☆

　　如果打算简单解决，白1单长就是好手。

　　黑棋也在松缓地飞，双方客客气气。

　　这是两分的进行。

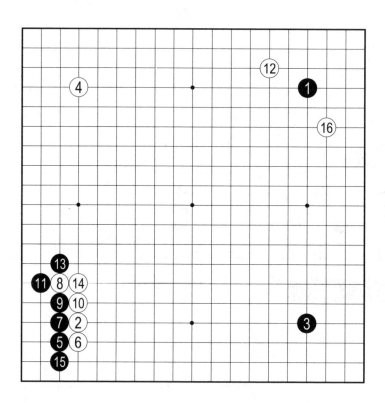

研究图4

这也是和直接点三·3定式关联的布局。

由于左下角定式的关系，白12、16双挂出现的可能性很大。

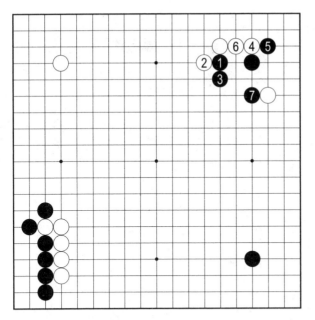

图1　新定式

难易度 ★★★☆☆

至白6虽然是同样的进行，但是若想重视边上，黑7是有力的手法。

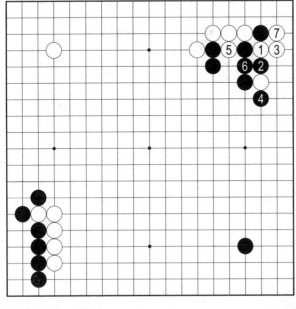

图2　两分

难易度 ★☆☆☆☆

白1断是最朴实的手法。

由于黑棋有黑4的先手利，所以可以先手做成厚形。这是两分的变化。

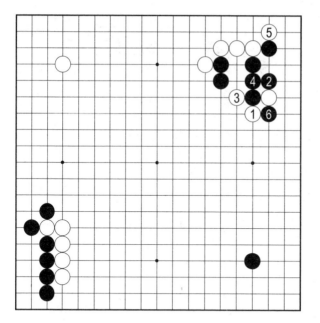

图3　两分

难易度 ★ ★ ☆ ☆ ☆

也有白1、3先手交换后，白5扳在角上的下法。想要稍微在边上有些先手利用时使用这个下法。

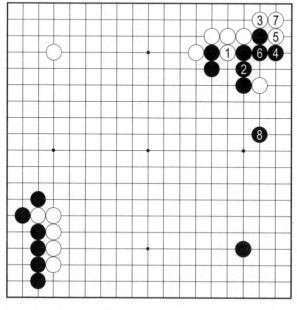

图4　两分

难易度 ★ ★ ★ ☆ ☆

白1冲一手后白3扳的下法最为流行。

白7虽然只是粘在二路，但是这手关系到双方的根据地，所以相当大。

目数差
0.3

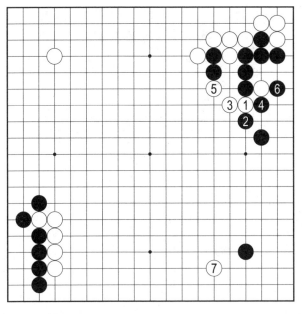

图5　黑棋的应法1

难易度 ★★★☆☆

黑棋的拆边实际上还有被利用的余地。

白1试应手是好手，若黑2强硬尖顶，至白5白棋是先手。这是两分的进行。

47.2　52.8　目数差 0.4

图6　黑棋的应法2

难易度 ★★★☆☆

也有黑2扳，让白棋走重之后黑4再渡过的下法。

白棋此处不再继续行棋，而是伺机而动。

白棋的棋形虽重，但黑4也处在二路，效果并不好，所以这也是两分的进行。

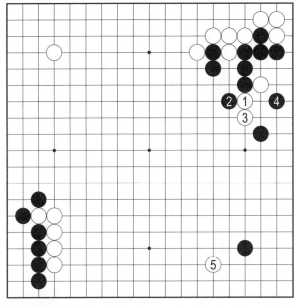

43.6　56.4　目数差 0.6

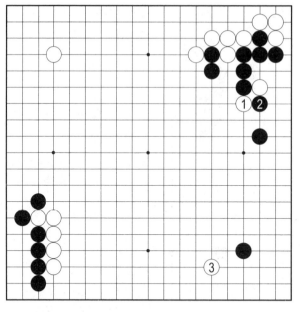

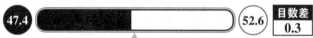

47.4   52.6   **目数差** 0.3

图7　黑棋的应法3

难易度 ★ ★ ★ ☆ ☆

黑2扭断这一手非常简洁。

白棋暂时不知道该从何处下手，所以白3脱先在其他场所行棋。

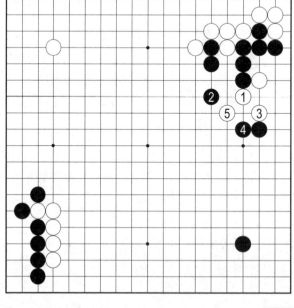

43.3   56.7   **目数差** 1.0

图8　黑棋的应法4

难易度 ★ ★ ★ ☆ ☆

若是黑2补住断点，白棋开始逃出，和黑棋作战。

白棋要拉出全体，所以白3尖顶后白5穿象眼，向中腹脱出。

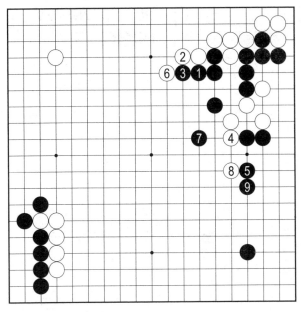

图9 两分的战斗

难易度 ★ ★ ★ ☆ ☆

黑棋为了整形而以黑1、3连压和白棋交换。

黑1、3让白棋增加了实空，虽然不是好手，但是可以返回来攻击右边的白棋。这是两分的战斗。

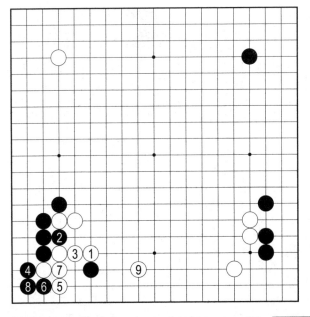

图10 两分

难易度 ★ ★ ★ ☆ ☆

回到研究图2的局面。

这个局面若打算在下边扩张，选择白1开始的定式也很有力。

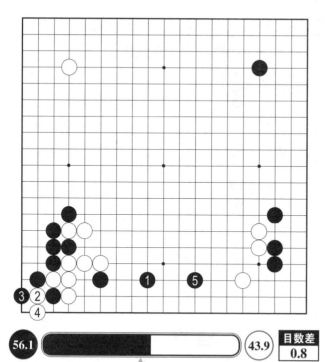

56.1 ▮▮▮▮▮▮▯▯▯ 43.9 | 目数差 0.8

图11 分割模样作战

难易度 ★★★★☆

当下边价值更高时，放弃在角上粘住这很大的一手而在下边分投的下法也很有力。

推荐给不喜欢被对手下出模样的读者。而作为代价，左边的黑棋会变薄，这一点需要注意。

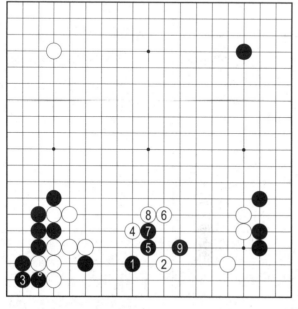

54.3 ▮▮▮▮▮▮▯▯▯ 45.7 | 目数差 0.5

图12 两分

难易度 ★★★★★

如果不想让黑棋在下边安定，可以从白2开始追击。虽然有些高级，但黑1和白2的交换可以看作不让白棋的一手，围住下边的先手利，然后以黑3回过来粘住。黑9以后开始治孤。

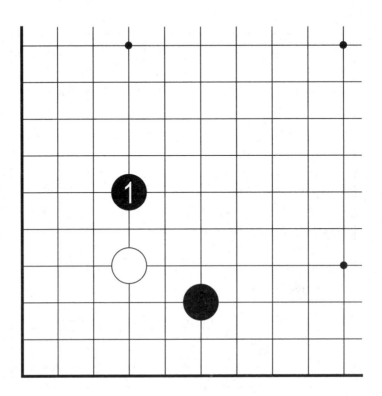

双挂定式·主题图2

　　一边是高挂的双挂定式也是以前就有的下法。

　　AI出现后，定式大幅度增加，而难度也随之增加了。

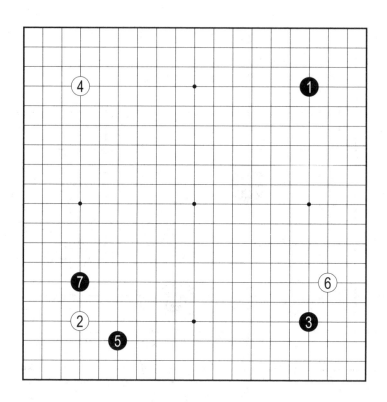

研究图

　　高位双挂比通常的双挂定式出现的频度较小。我认为有可能会是对手研究的弱点。

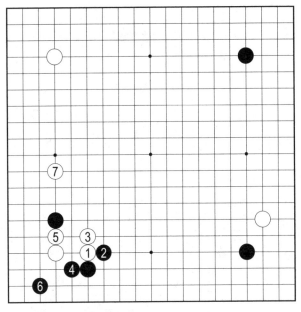

52.1 ◀ 47.9　目数差 0.3

图1　旧定式　简明

难易度 ★☆☆☆☆

白1靠压的手法是旧定式。

虽然在评价值方面大约下降了5%（目数为0.6目），但这是站在围棋之神境界的说法。而作为人类而言，仍然是两分。

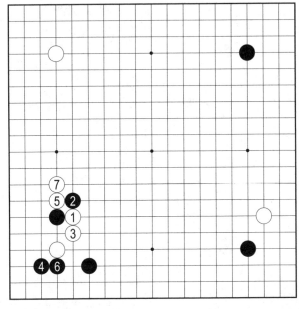

48.6 ◀ 51.4　目数差 0.2

图2　旧定式

难易度 ★☆☆☆☆

白1靠在另一边的手法，现在看来很有力。

对于黑2，白3退是一般的手法。至白7是旧定式。

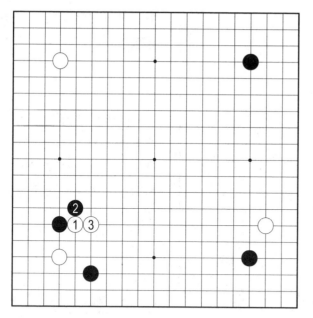

图3 新定式

难易度 ★★★☆☆

白3在这一侧长的手法是AI流。

从这一手开始发展出了各种各样的定式。

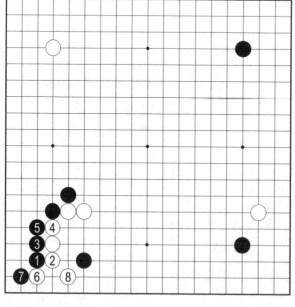

图4 白棋追求弹性

难易度 ★★★☆☆

黑棋点三·3仍然是很大的一手。

这时为了活用前图的白3，白2挡在下边。白8是费心的一手。

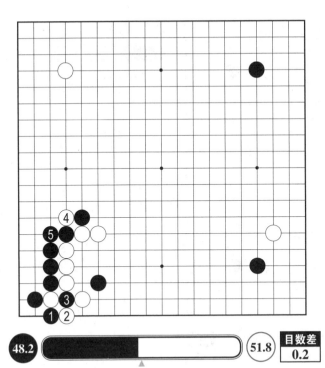

48.2 **51.8** 目数差 **0.2**

图5　绝好的劫材

难易度 ★★★☆☆

　　如此被黑1打吃的棋形在一般情况下并不好，但是现在白2做劫是具有弹性的好手。白4是绝好的劫材。

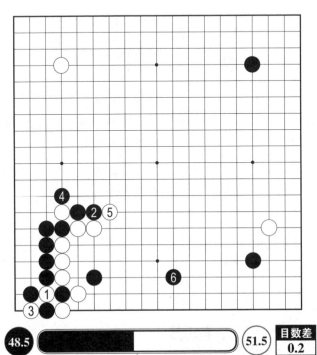

48.5 **51.5** 目数差 **0.2**

图6　两分

难易度 ★★★☆☆

　　白1提劫后，黑棋完全没有劫材。所以黑棋放弃争劫而黑2、4连下两手。这是两分的变化。

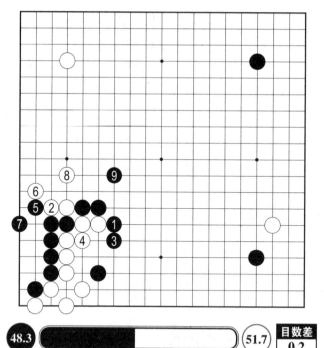

图7　两分

难易度 ★ ★ ★ ☆ ☆

黑1若顺势扳过来会如何？

白2贴下开始对角上动手是相当严厉的手段，但是黑棋也不会死。

48.3 ┃███████████████▲░░░░░░░░┃ 51.7　目数差 0.2

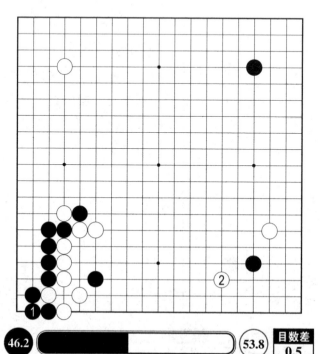

图8　这也是两分

难易度 ★ ★ ★ ☆ ☆

也有黑棋不打劫，黑1粘住妥协的下法。虽然气势上比较不足，但是这里如果被白棋提掉，白棋眼位很丰富而且很大。局部有很多需要小心的地方，是很复杂的局面。

46.2 ┃█████████████▲░░░░░░░░░░┃ 53.8　目数差 0.5

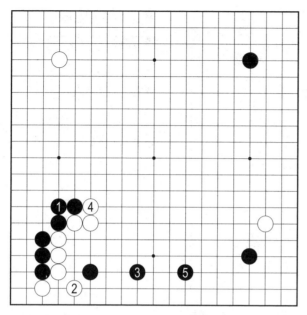

46.9　53.1　目数差 0.4

图9　简明变化

难易度 ★★☆☆☆

黑1什么都不做，直接粘上非常简明。

白2虎是生成眼形的急所。

由于是两分的变化，所以推荐给不喜欢复杂变化的读者。

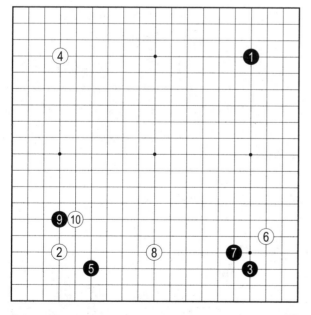

47.8　52.2　目数差 0.3

图10　同样的变化

难易度 ★★★☆☆

图3至图9的变化，在本图白8三间高夹时也是常见的变化。本图的布局使用得相当多。

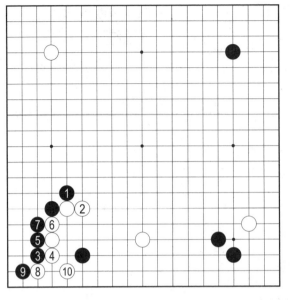

49.0 **51.0** 目数差 **0.1**

图11 打劫是前提

难易度 ★ ★ ★ ☆ ☆

即使是夹的场合，也没有什么特别的变化。

白10虽然感觉在实地方面有些损，但是有打劫的弹性，所以是好手。

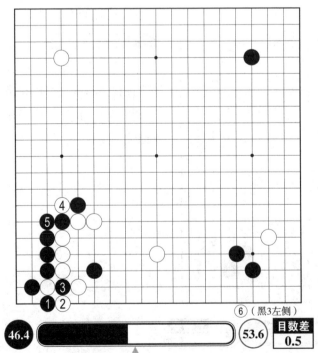

⑥（黑3左侧）

46.4 **53.6** 目数差 **0.5**

图12 劫的弹性

难易度 ★ ★ ★ ☆ ☆

黑1是当然的一手。白2若在黑3位接则是恶形，实空也有损失。若要接的话，前图白10就应该选择粘上。

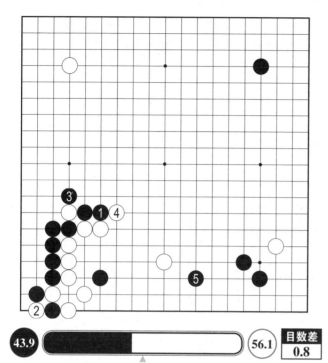

图13　两分

难易度 ★★★☆☆

　　这是和图6类似的局面，也是两分的变化。随着局面的推进，选择这个定式时，劫材的关系会变得复杂。一定要注意劫材的数量。

43.9　56.1　目数差 0.8

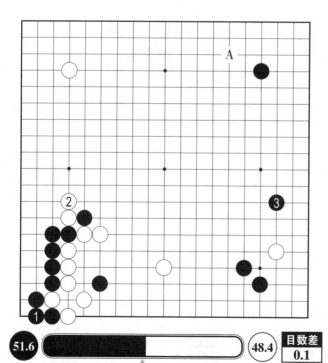

图14　两分

难易度 ★★★☆☆

　　黑1仍然是忍耐的一手。

　　白2有各种各样的大场。在右上角挂在A位瞄着引征的手法也很有力。

51.6　48.4　目数差 0.1

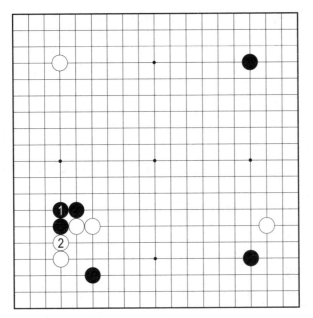

图15　战斗的定式

难易度 ★★★★☆

也有黑1坚实地粘上这种防守的下法。

如此很容易导致战斗，所以复杂的变化很多。

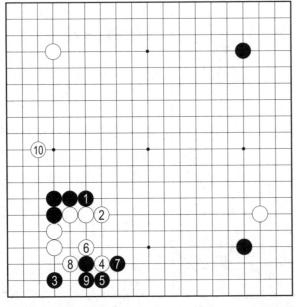

图16　两分

难易度 ★★★★☆

黑1先贴一手之后黑3小飞夺取白棋根据地，这种下法很严厉。白棋棋形的急所虽然是6位，但白棋不先下急所，而是以白4先碰一手开始整形。

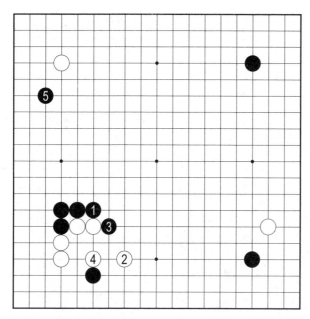

| 48.8 | | 51.2 | 目数差 0.2 |

图17　交换　两分

难易度 ★★★★☆

对于黑1的贴，白棋也可以选择不应。

白2对下边的黑棋施加压力。虽然被黑3扳头，但是形成了白棋下边和黑棋左边交换的变化。

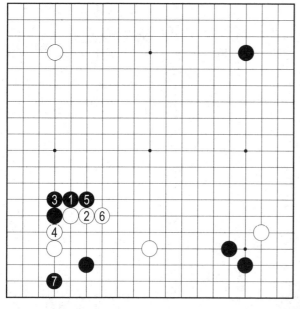

| 46.0 | | 54.0 | 目数差 0.5 |

图18　仍然相同

难易度 ★★★★☆

回到三间夹的局面。

本图的局面仍然是同样的定式。

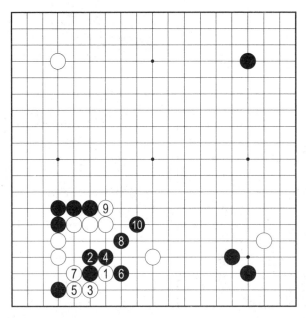

48.6 | 51.4 | 目数差 0.2

图19　两分

难易度 ★ ★ ★ ★ ☆

白1虽然也是相同的碰，但是这次由于白棋有夹的一子，黑棋选择不同的应对方法。

左下角送给白棋的补偿是黑棋攻击下边白棋夹的一子。这是两分的变化。

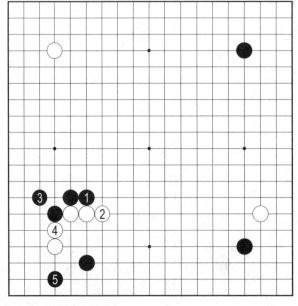

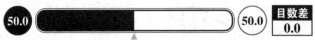

50.0 | 50.0 | 目数差 0.0

图20　黑棋的积极方案

难易度 ★ ★ ★ ★ ☆

也有黑1先贴一手然后黑3虎这种稍高效的补断手法。

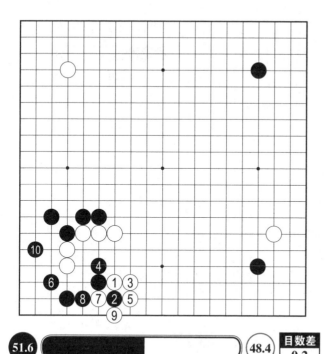

51.6 ┃████████████░░░░░░░░┃ 48.4 目数差 0.2

图21 重视下边 两分

难易度 ★★★★☆

　　虽然前图白3的位置不同，白1仍然碰过来。

　　即使按图16的进行也是两分，但还是要介绍一下本图的不同变化。这是白棋更重视下边的下法。

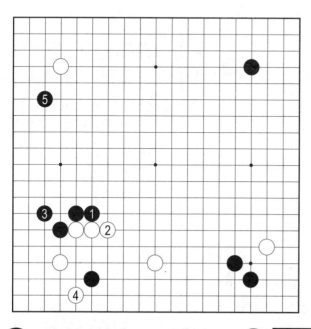

49.9 ┃████████████░░░░░░░░┃ 50.1 目数差

图22 两分

难易度 ★★★☆☆

　　有三间夹的场合，也有白4压制黑棋的下法。下边的黑棋虽然还没有完全被吃，但是可以先选择大场。今后根据时机再选择逃跑。

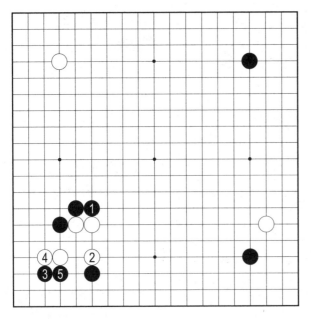

图23　形之急所

难易度 ★ ★ ★ ☆ ☆

黑1贴起时，白棋立即补在形之急所也是好手。

黑3点三·3开始破去角空。

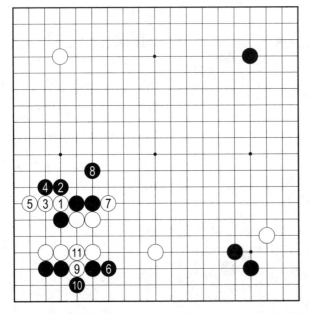

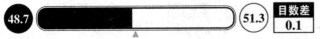

图24　两分

难易度 ★ ★ ★ ☆ ☆

黑棋是薄形，所以白1切断开始追究黑棋。

黑棋很难全力战斗，所以黑2开始轻轻弃子展开下边和左边。白棋也是厚形，这是两分的变化。

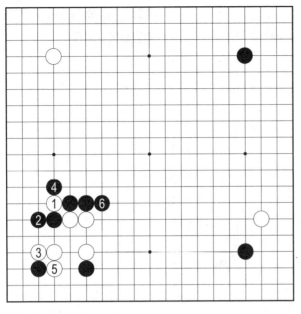

50.6 ◖■■■■■■■■■◗ 49.4

目数差
0.0

图25 试应手的断 两分

难易度 ★★★☆☆

也有白1先断这种试应手的下法。现在黑2立下时，白3再挡下是次序。这里包含着防止黑棋像前图一样弃子的意味。所以黑棋从黑4开始反击。

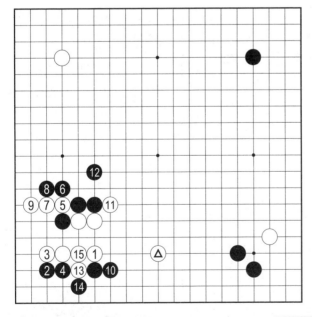

55.1 ◖■■■■■■■■■■◗ 44.9

目数差
0.6

图26 三间夹被破坏

难易度 ★★★☆☆

再回到三间夹的局面。

现在的局面若是选择图24的定式，棋子的效率则会稍微有点差。白△的位置有些不上不下。

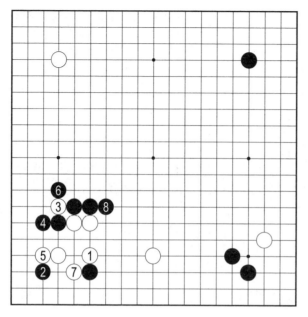

47.8 | 52.2 | **目数差** **0.3**

图27　正确的选择　两分

难易度 ★★★☆☆

所以，这个局面选择白3断的定式才是正确的。

如此三间夹的棋子就能有效地得到利用。

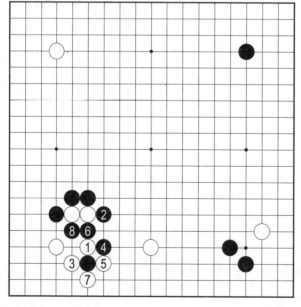

42.8 | 57.2 | **目数差** **0.8**

图28　漂亮的转换　两分

难易度 ★★★☆☆

这是三间夹的场合，是从黑2开始互相提子气势十足的变化。黑棋多提了一子所以看起来更有利，但是实际上并非如此。

这是看上去漂亮的转换。

附录 定式一览

图1

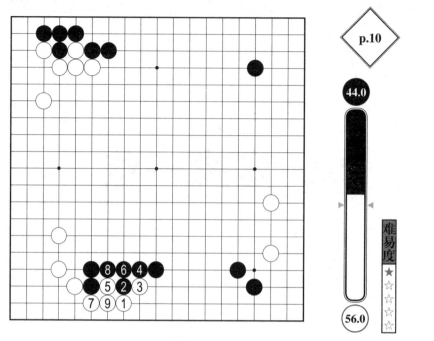

p.10

44.0

56.0

难易度

★☆☆☆

星位尖顶定式

图2

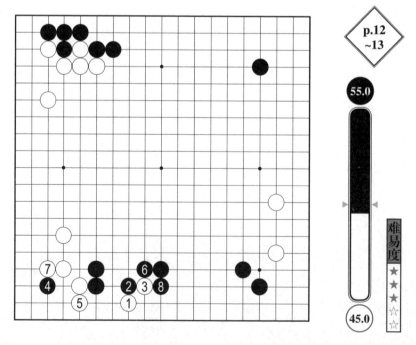

p.12
~13

55.0

45.0

难易度

★★★☆

图3

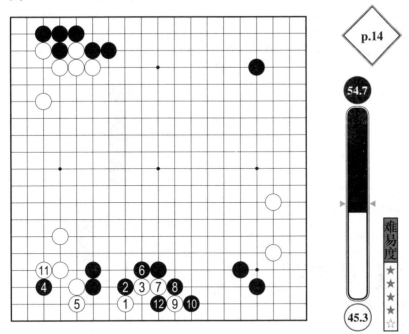

p.14

54.7

45.3

难易度

★
★★
★★★
★★
☆

图4

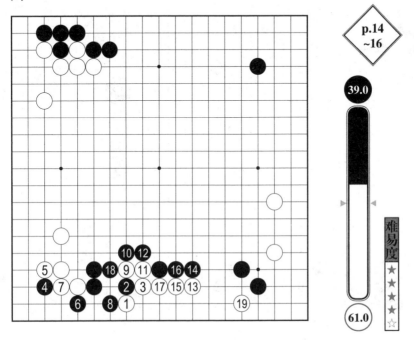

p.14
~16

39.0

61.0

难易度

★
★★
★★★★
★★
☆

图5

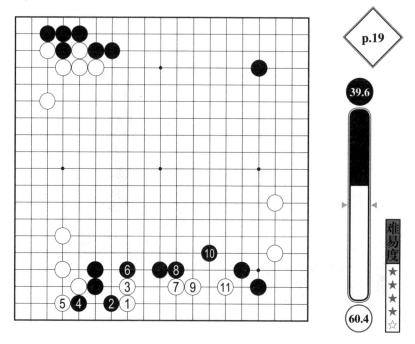

p.19

39.6

60.4

难易度
★
★★
★★★
★★★
☆

图6

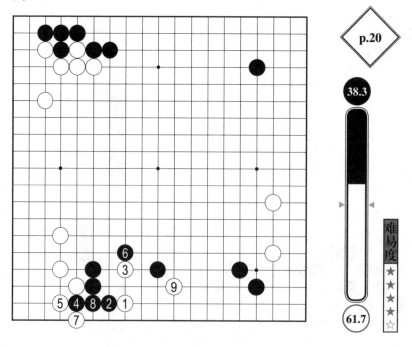

p.20

38.3

61.7

难易度
★
★★
★★★
★★★
☆

图7

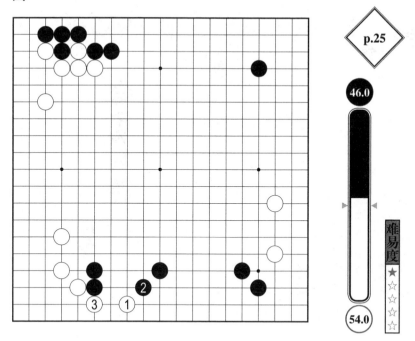

p.25

46.0

54.0

难易度

★
☆
☆
☆
☆

图8

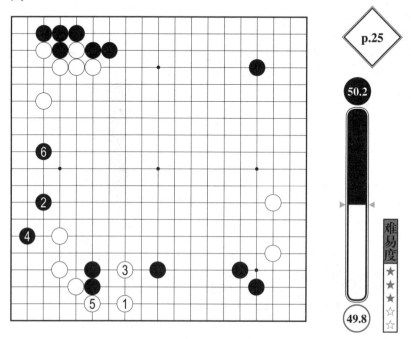

p.25

50.2

49.8

难易度

★
★
★
☆
☆

图9

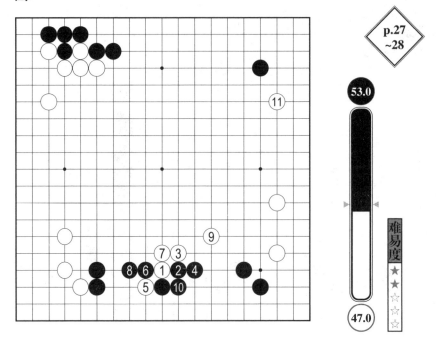

p.27
~28

53.0

47.0

难易度
★★☆☆☆

图10

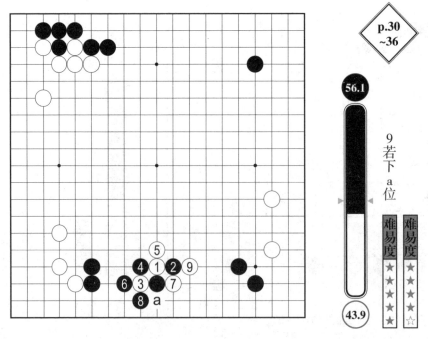

p.30
~36

56.1

9若下a位

43.9

难易度
★★★★☆

难易度
★★★★☆

图11

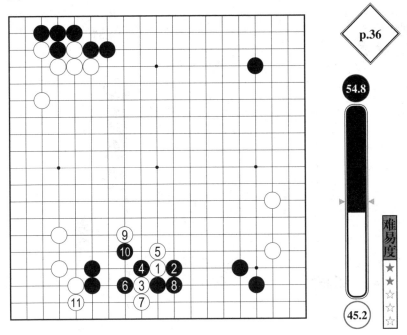

p.36

54.8

45.2

难易度
★
★★
☆☆
☆☆
☆☆

图12

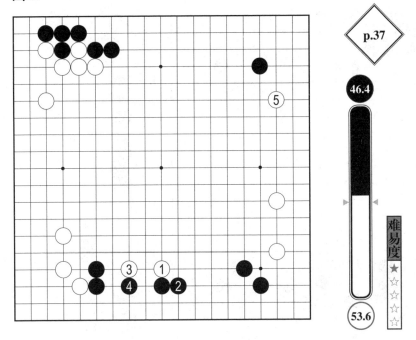

p.37

46.4

53.6

难易度
★
☆☆
☆☆
☆☆

图13

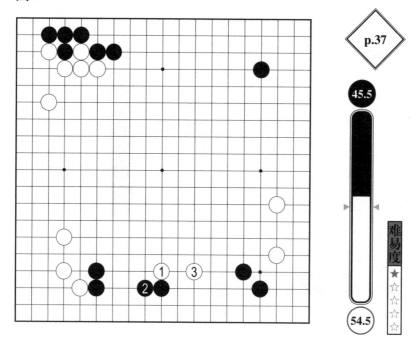

p.37

45.5

54.5

难易度
★ ☆
☆ ★
☆ ★
☆

图14

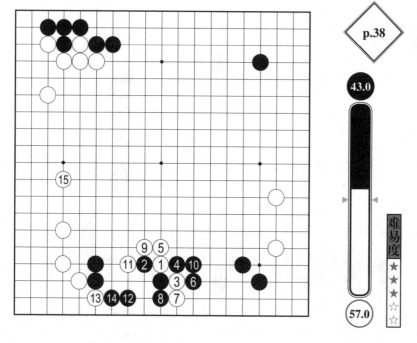

p.38

43.0

57.0

难易度
★
★
★
☆
☆

图15

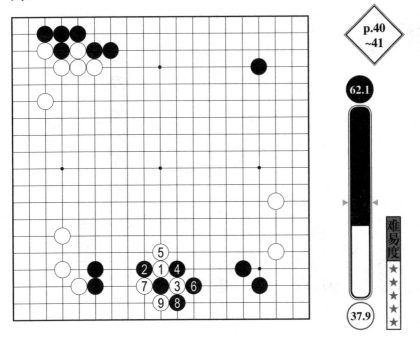

p.40 ~41

62.1

37.9

难易度

★
★
★
★
★

图16

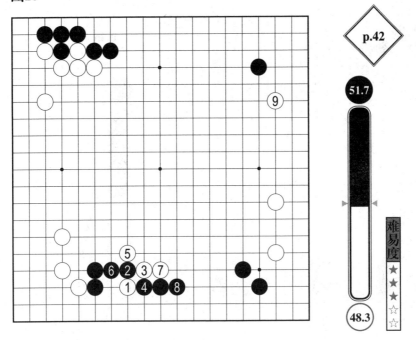

p.42

51.7

48.3

难易度

★
★
★
☆
☆

图17

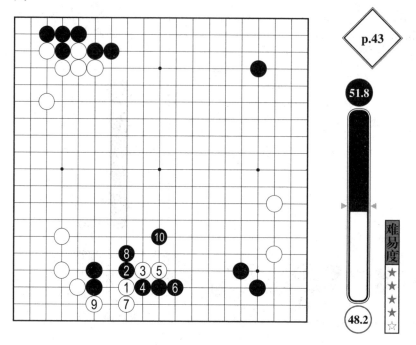

p.43

51.8

48.2

难易度

★
★ ★
★ ★
☆

图18

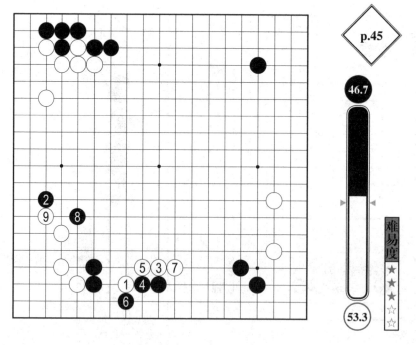

p.45

46.7

53.3

难易度

★
★ ★
★ ★
☆
☆

图19

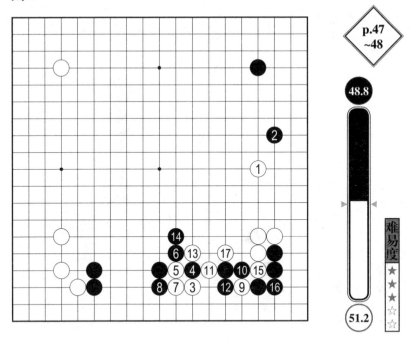

p.47
~48

48.8

难易度

★
★
☆
☆

51.2

图20

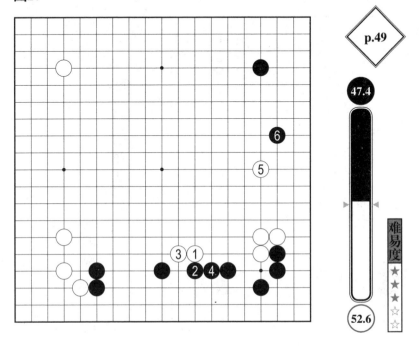

p.49

47.4

难易度

★
★
☆
☆

52.6

图21

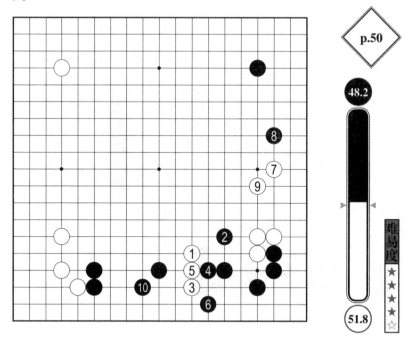

p.50

48.2

51.8

难易度
★
★★★
★★★
★★
☆

图22

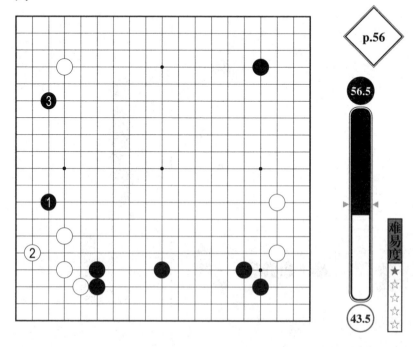

p.56

56.5

43.5

难易度
★
☆
☆
☆
☆

图23

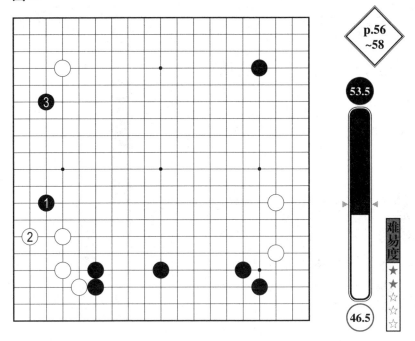

p.56
~58

53.5

46.5

难易度
★
★
☆
☆
☆

图24

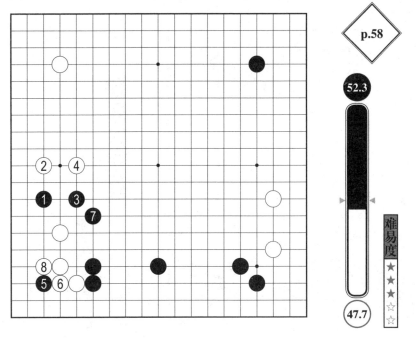

p.58

52.3

47.7

难易度
★
★
★
☆
☆

图25

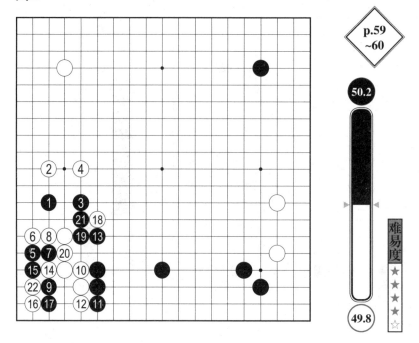

p.59
~60

50.2

49.8

难易度

★
★
★
★
☆

图26

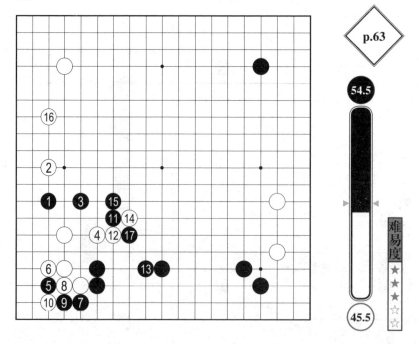

p.63

54.5

45.5

难易度

★
★
★
☆
☆

图27

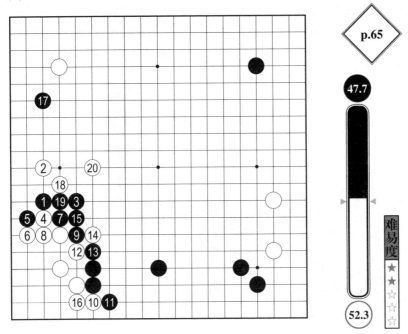

p.65

47.7

52.3

难易度
★
★★
☆
☆

图28

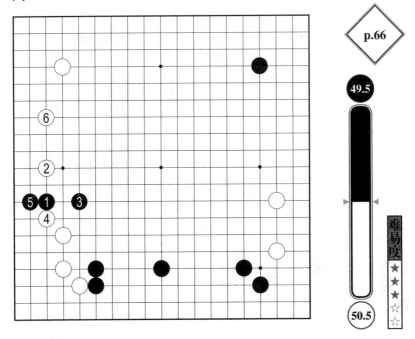

p.66

49.5

50.5

难易度
★
★★
★
☆
☆

图29

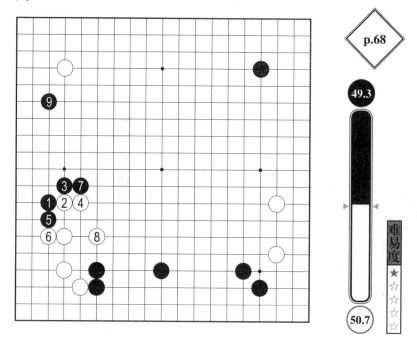

p.68

49.3

50.7

难易度

★
☆
☆
☆

图30

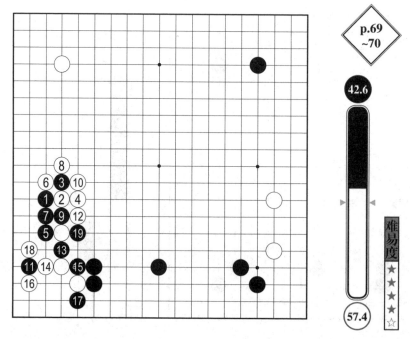

p.69
~70

42.6

57.4

难易度

★
★
★
★
☆

图31

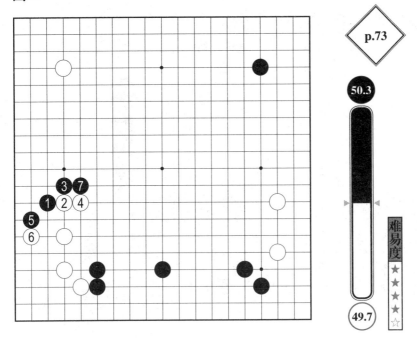

p.73

50.3

49.7

难易度
★
★★
★★
☆

图32

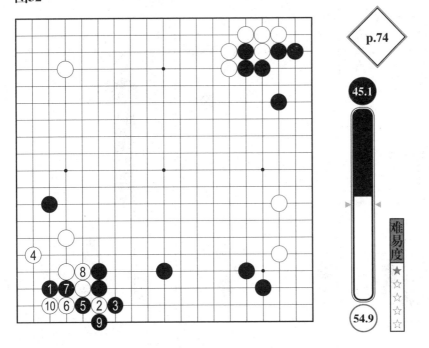

p.74

45.1

54.9

难易度
★
☆
☆
☆
☆

图33

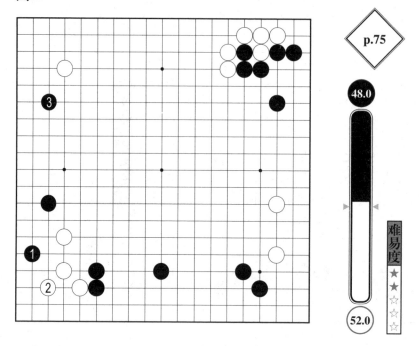

p.75

48.0

52.0

难易度
★
★★
☆☆
☆☆
☆☆

图34

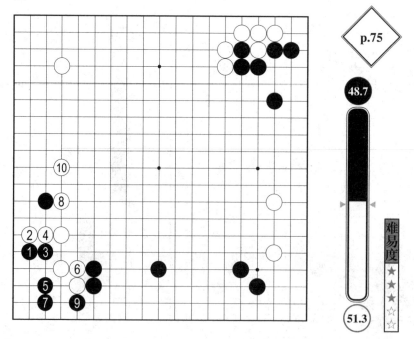

p.75

48.7

51.3

难易度
★
★★
★★
☆☆
☆☆

图1

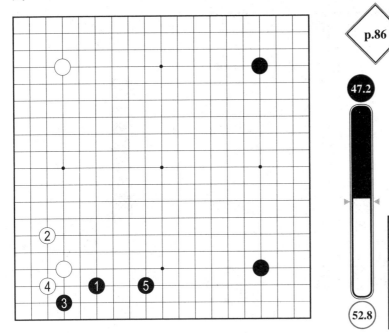

p.86

47.2

52.8

难易度
★
☆
☆
☆

星位托扳定式

图2

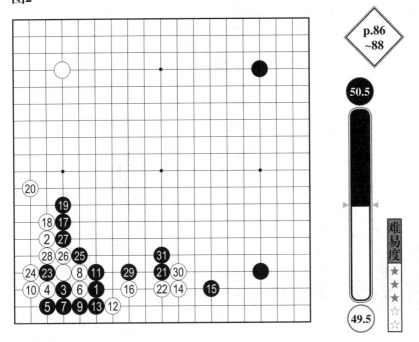

p.86
~88

50.5

49.5

难易度
★★
★★
☆
☆

图3

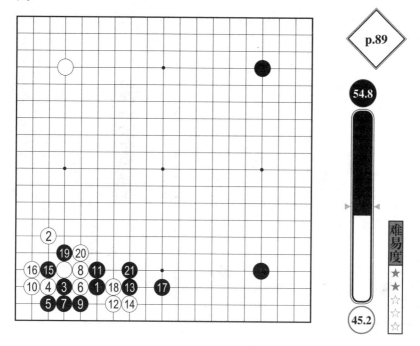

p.89

54.8

45.2

难易度
★
★★
☆
☆

图4

㉔（15）

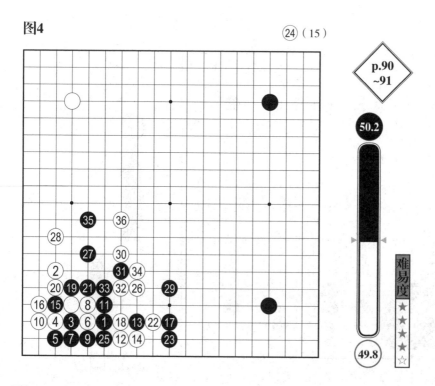

p.90
~91

50.2

49.8

难易度
★
★★
★★
☆

图5

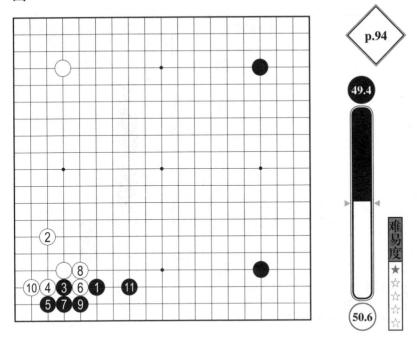

p.94

49.4

50.6

难易度

★
☆☆☆
☆☆
☆

图6

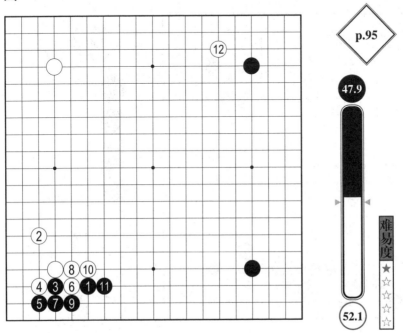

p.95

47.9

52.1

难易度

★
☆
☆
☆

图7

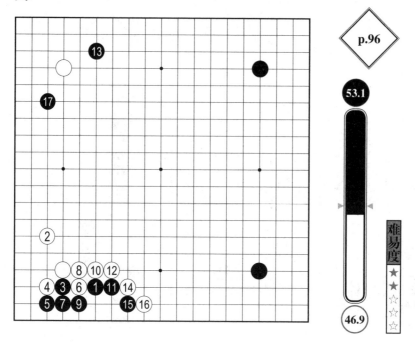

p.96

53.1

46.9

难易度 ★★☆☆☆

图8

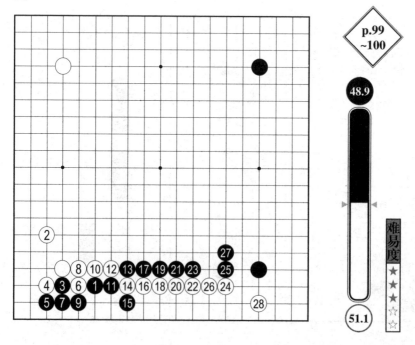

p.99
~100

48.9

51.1

难易度 ★★★☆☆

图9

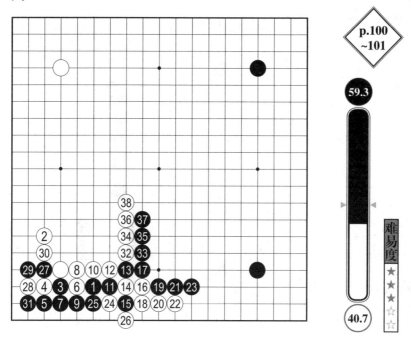

p.100
~101

59.3

40.7

难易度
★
★
☆
☆

图10

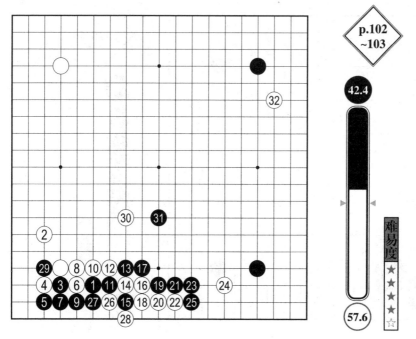

p.102
~103

42.4

57.6

难易度
★
★
★
☆

图11

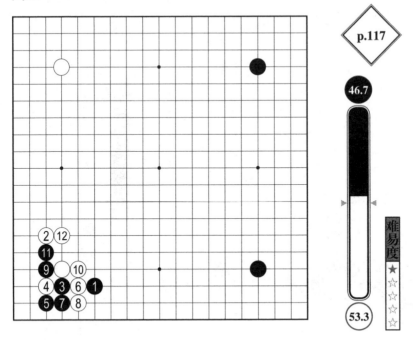

p.117

46.7

53.3

难易度
★
☆
☆
☆

图12

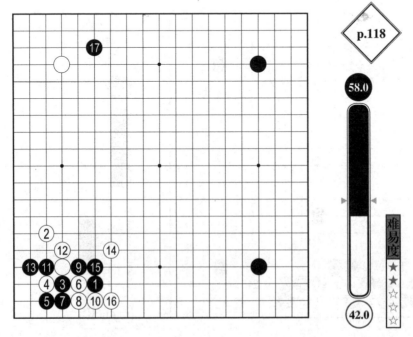

p.118

58.0

42.0

难易度
★
★
☆
☆
☆

图13

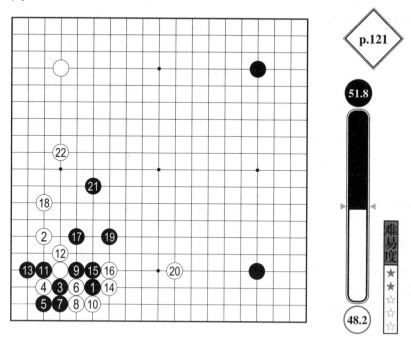

p.121

51.8

48.2

难易度
★
★
☆
☆

图14

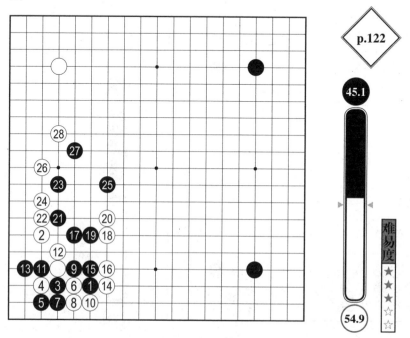

p.122

45.1

54.9

难易度
★
★
★
☆
☆

图15

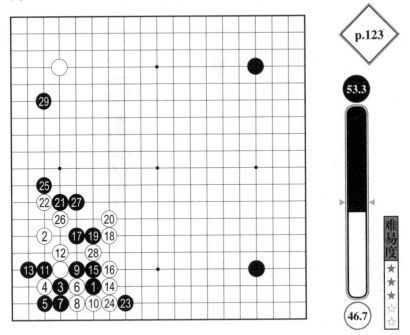

p.123

53.3

46.7

难易度

★★★☆☆

图16

㉜（22）

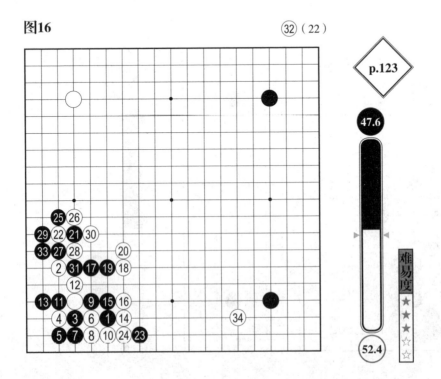

p.123

47.6

52.4

难易度

★★★☆☆

图17

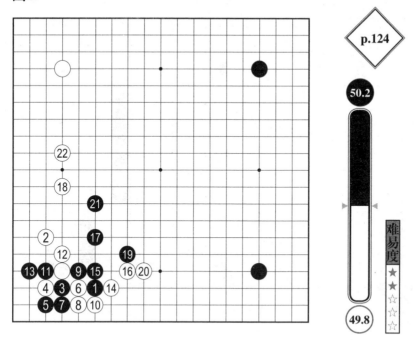

p.124

50.2

难易度
★ ★
★ ★
☆ ☆
☆ ☆
☆

49.8

图18

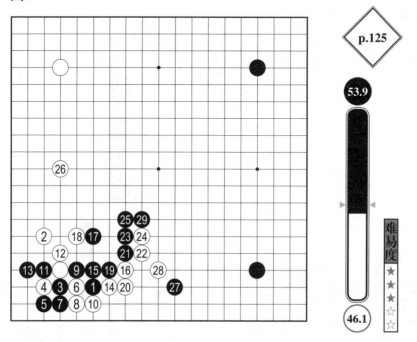

p.125

53.9

难易度
★
★
★
★
☆
☆

46.1

图19

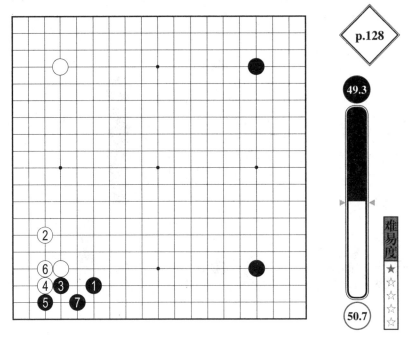

p.128

图20

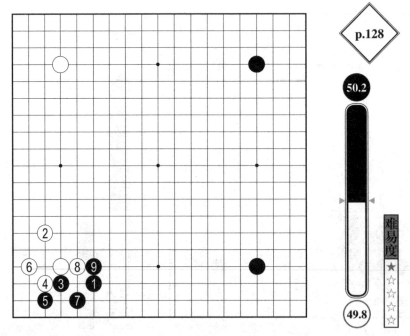

p.128

图21

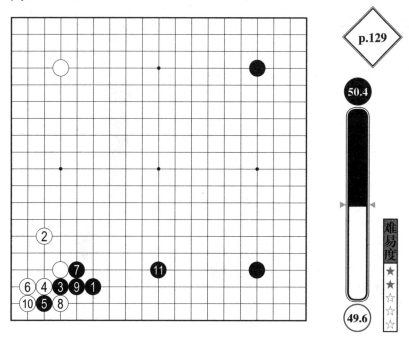

p.129

50.4

难易度

★
★
☆
☆
☆

49.6

图22

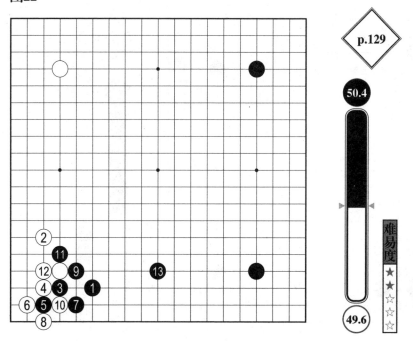

p.129

50.4

难易度

★
★
☆
☆
☆

49.6

图23

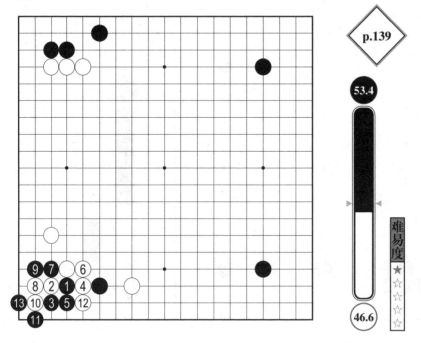

p.139

53.4

46.6

难易度

★
☆
☆
☆

图24

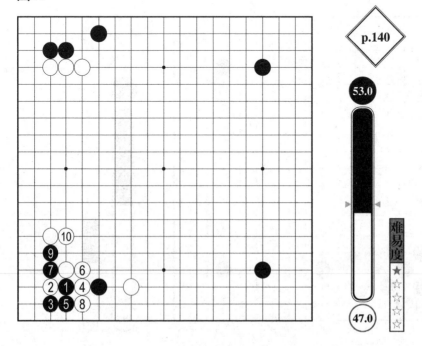

p.140

53.0

47.0

难易度

★
☆
☆
☆
☆

图25

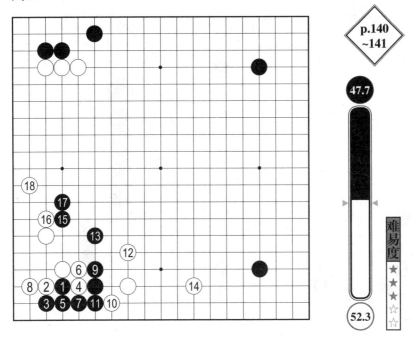

p.140
~141

47.7

52.3

难易度

★
★★
★★★
☆☆

图26

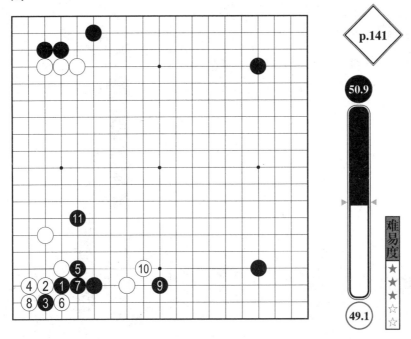

p.141

50.9

49.1

难易度

★
★★
★★★
☆☆

图27

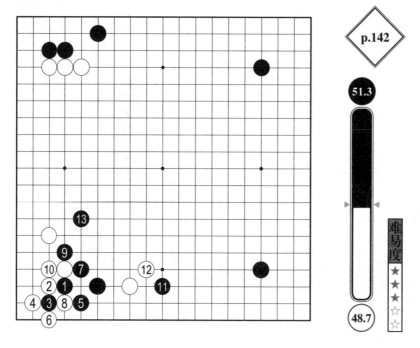

p.142

51.3

48.7

难易度
★
★★
★★
☆
☆

图28

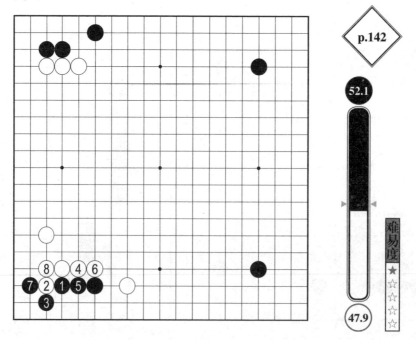

p.142

52.1

47.9

难易度
★
☆
☆
☆
☆

图1

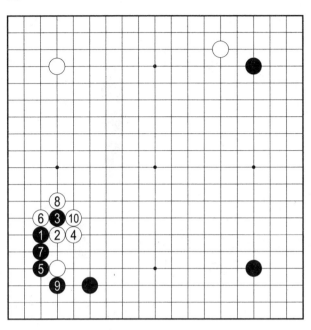

p.148

45.6

54.4

难易度

★
☆
☆
☆

星位双挂定式

图2

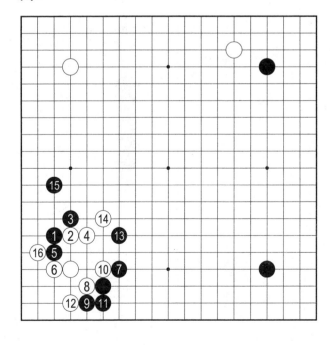

p.151

50.9

49.1

难易度

★
☆
☆
☆

图3

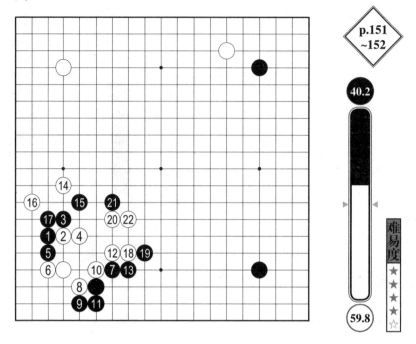

p.151
~152

40.2

59.8

难易度

★
★★★
★★
☆

图4

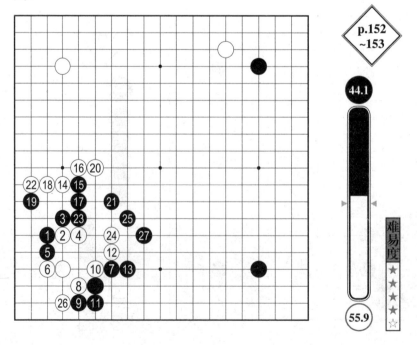

p.152
~153

44.1

55.9

难易度

★
★★
★★★
☆

图5

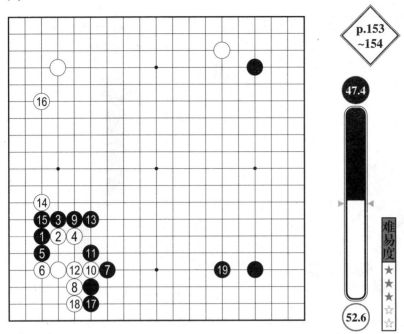

p.153
~154

47.4

52.6

难易度

★
★★
★★☆
☆

图6

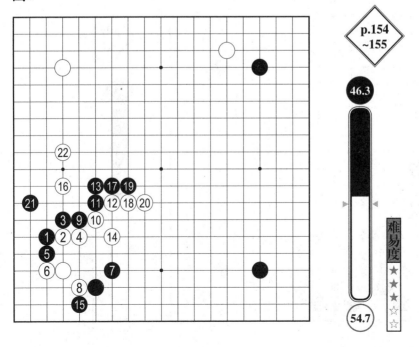

p.154
~155

46.3

54.7

难易度

★
★★
★★☆
☆

图7

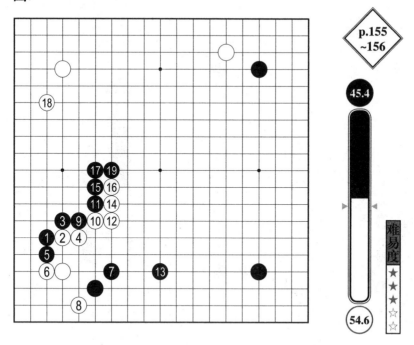

p.155
~156

45.4

54.6

难易度

★
★★
★★☆
☆

图8

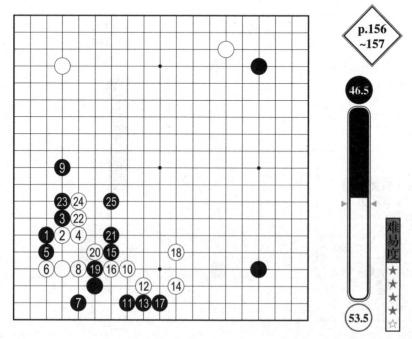

p.156
~157

46.5

53.5

难易度

★
★★
★★★
★★☆

图9

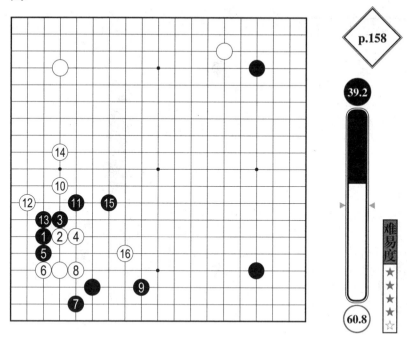

p.158

39.2

60.8

难易度

★
★★
★★★
★★
☆

图10

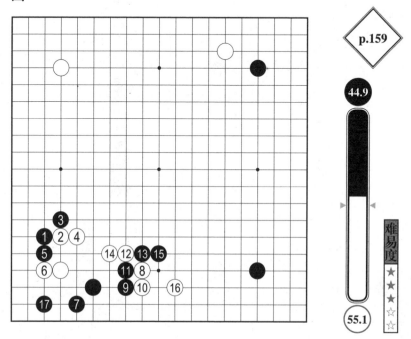

p.159

44.9

55.1

难易度

★
★★
★
☆
☆

239

图11

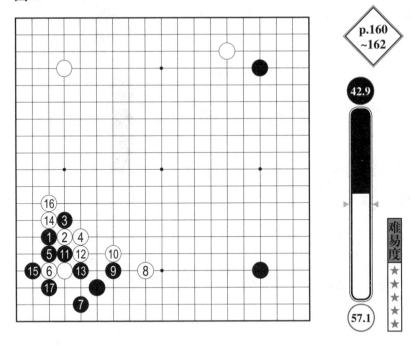

p.160 ~162

42.9

57.1

难
易
度

★
★★
★★★
★★★★

图12

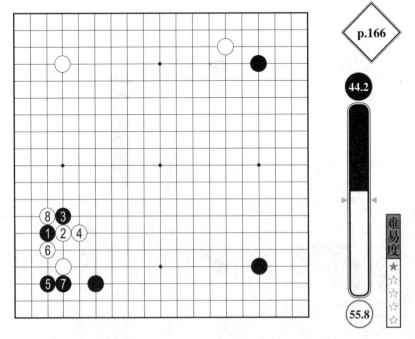

p.166

44.2

55.8

难
易
度

★
☆
☆
☆

图13

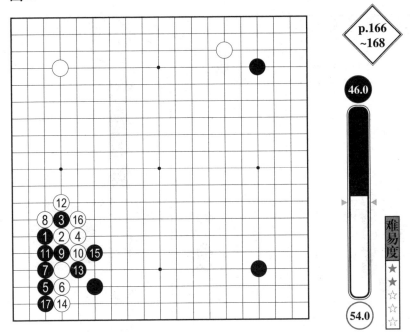

p.166
~168

46.0

54.0

难易度

★★☆☆☆

图14

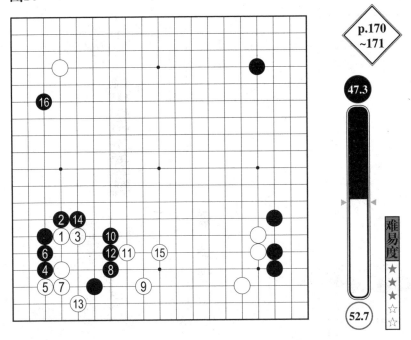

p.170
~171

47.3

52.7

难易度

★★★☆☆

图15

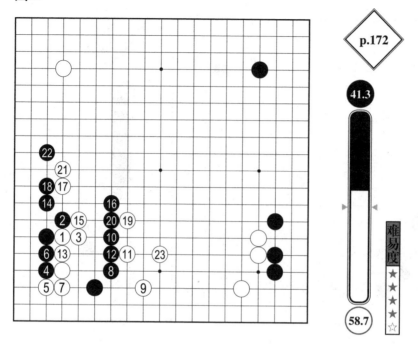

p.172

41.3

58.7

难易度

★★★
★★★
★★☆

图16

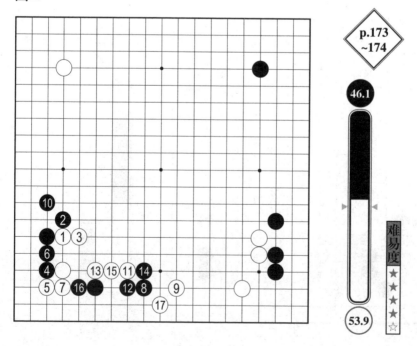

p.173
~174

46.1

53.9

难易度

★★★
★★★
★★☆

图17

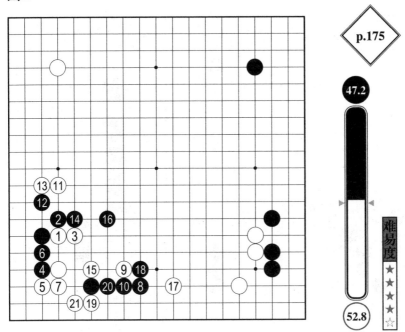

p.175

47.2

52.8

难易度

★
★★
★★★
★☆

图18

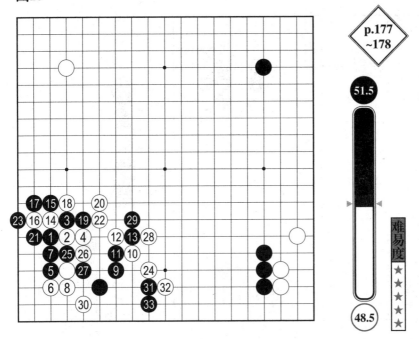

p.177
~178

51.5

48.5

难易度

★
★★
★★★
★★

图19

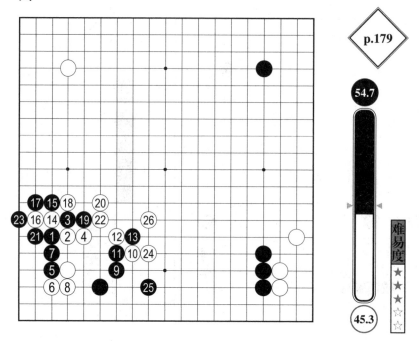

p.179

54.7

45.3

难易度

★
★ ★
★ ★
☆ ☆
☆ ☆

图20

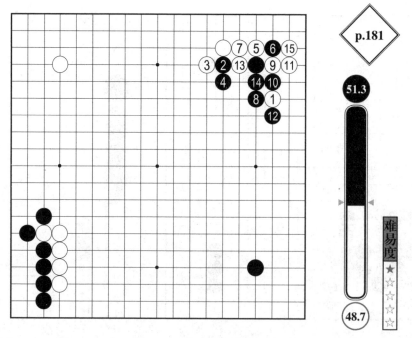

p.181

51.3

48.7

难易度

★
☆ ☆
☆ ☆
☆ ☆
☆ ☆

图21

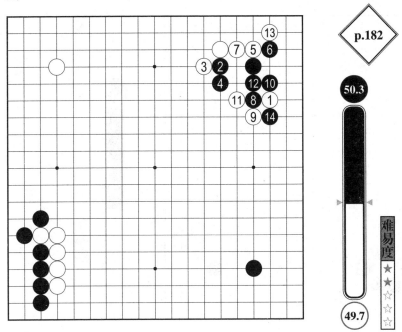

p.182

50.3

49.7

图22

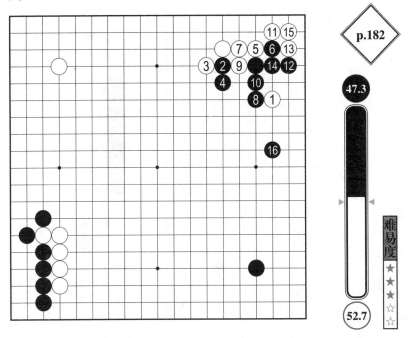

p.182

47.3

52.7

图23

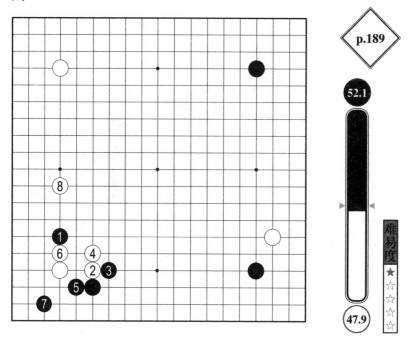

p.189

52.1

47.9

难易度

★
☆
☆
☆

图24

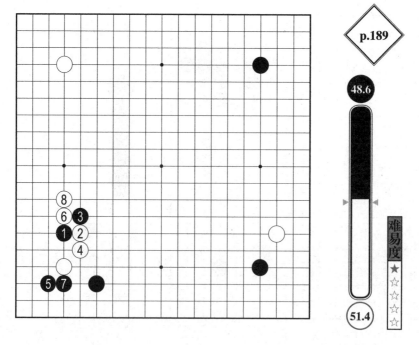

p.189

48.6

51.4

难易度

★
☆
☆
☆

图25

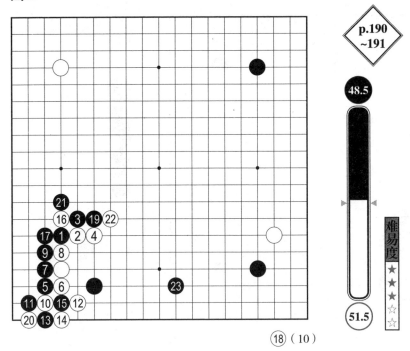

p.190
~191

48.5

51.5

难易度
★
★
★
☆
☆

⑱（10）

图26

⑱（10）

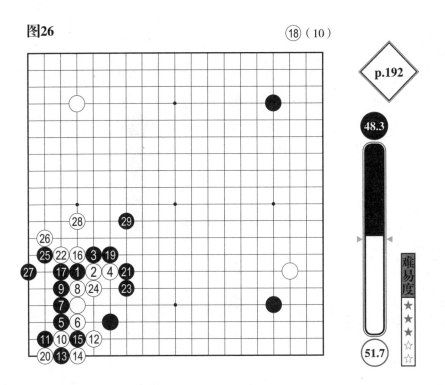

p.192

48.3

51.7

难易度
★
★
★
☆
☆

图27

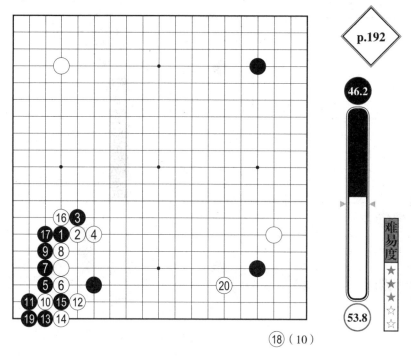

p.192

46.2

53.8

难易度

★
★★
★★☆
★☆☆

图28

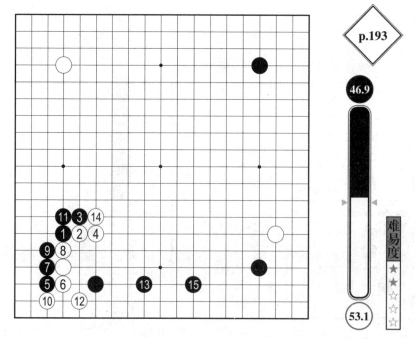

p.193

46.9

53.1

难易度

★
★★☆
★☆☆
★☆☆

图29

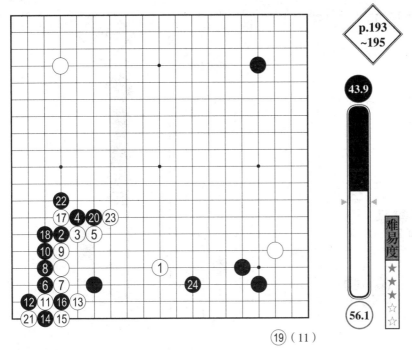

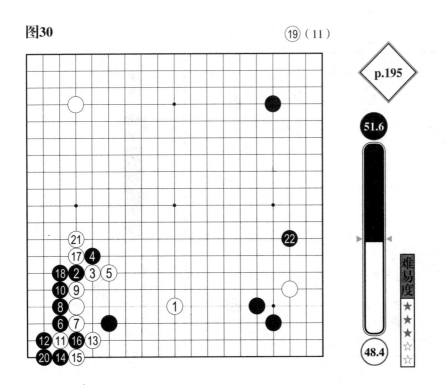

p.193
~195

43.9

56.1

难易度
★
★★
★★
☆
☆

⑲（11）

图30

⑲（11）

p.195

51.6

48.4

难易度
★
★★
★★
☆
☆

图31

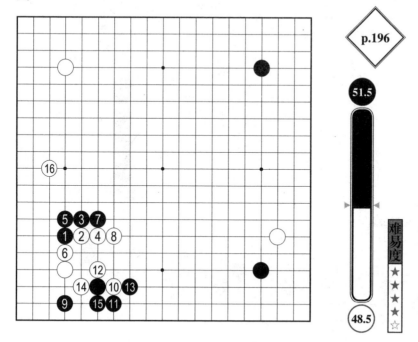

p.196

51.5

48.5

难易度

★
★★
★★★
☆

图32

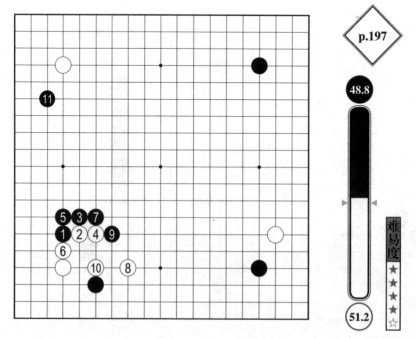

p.197

48.8

51.2

难易度

★
★★★
★★★
☆

图33

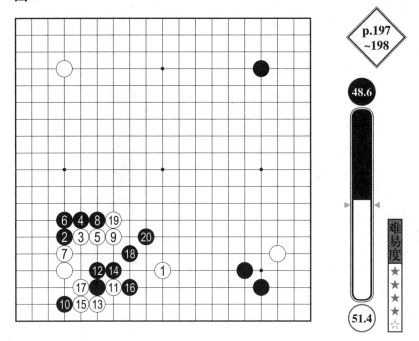

p.197
~198

48.6

51.4

难
易
度

★
★
★
★
☆

图34

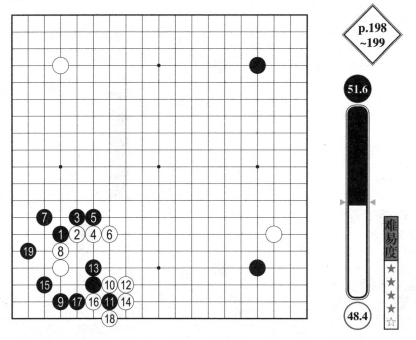

p.198
~199

51.6

48.4

难
易
度

★
★
★
★
☆

图35

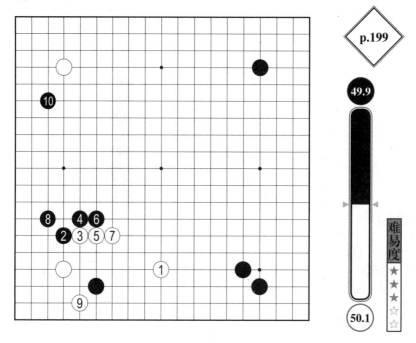

p.199

49.9

50.1

p.199

难易度

★★★☆☆

图36

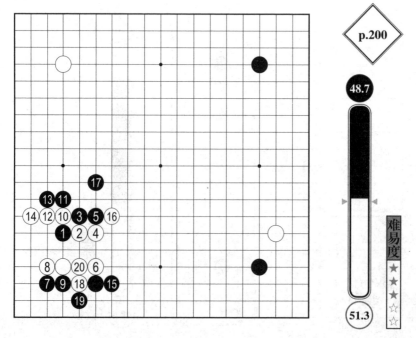

p.200

48.7

51.3

难易度

★★★☆☆

图37

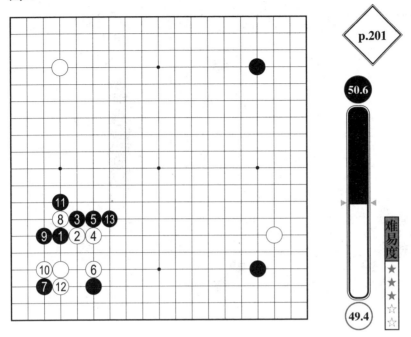

p.201

50.6

49.4

难易度

★★★
★★☆
☆☆

图38

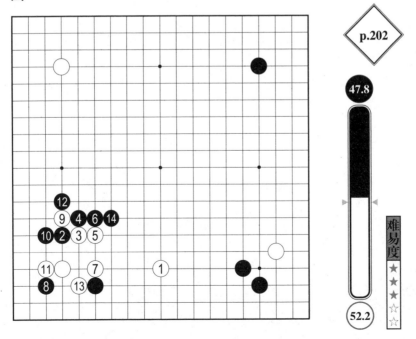

p.202

47.8

52.2

难易度

★★★
★★☆
☆☆

图39

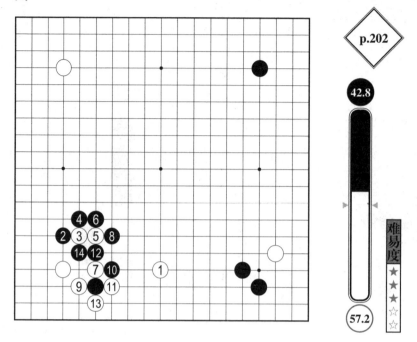

p.202

42.8

57.2

难易度

★
★ ★
★ ★ ★
☆ ☆
☆

围棋死活大事典

（日）张栩 著

　　　　苏甦 译

出版日期：2024年4月

书 号：ISBN 978-7-5591-3368-7

定 价：68.00元

围棋手筋大事典

（日）山下敬吾 著

　　　　苏甦 译

出版日期：2024年4月

书 号：ISBN 978-7-5591-3369-4

定 价：68.00元

围棋定式大事典（上卷）

（日）高尾绅路 著

　　　　苏甦 译

出版日期：2024年4月

书 号：ISBN 978-7-5591-3371-7

定 价：58.00元

围棋定式大事典（下卷）

（日）高尾绅路 著

　　　　苏甦 译

出版日期：2024年4月

书 号：ISBN 978-7-5591-3370-0

定 价：58.00元

围棋实战死活宝典
（日）加藤正夫　著
　　沙砾　胡丹蔚　译
出版日期：2024年5月
书　号：ISBN 978-7-5591-3365-6
定　价：50.00元

围棋棋经众妙精选精解
（日）林元美　著
　　胡丹蔚　解说
　　马如龙　审定
出版日期：2024年6月
书　号：ISBN 978-7-5591-3373-1
定　价：68.00元

围棋布局革命
（日）芝野虎丸　著
　　苏甦　译
出版日期：2024年11月
书　号：ISBN 978-7-5591-3520-9
定　价：58.00元

围棋定式革命
（日）芝野虎丸　著
　　苏甦　译
出版日期：2024年11月
书　号：ISBN 978-7-5591-3519-3
定　价：58.00元